国家社科基金青年项目（项目批准号：18CGL012）成果

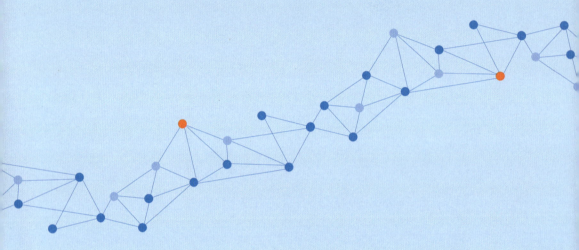

万物互联
与企业生态系统构建

INTERNET OF
EVERYTHING AND THE CONSTRUCTION OF
ENTERPRISE ECOSYSTEM

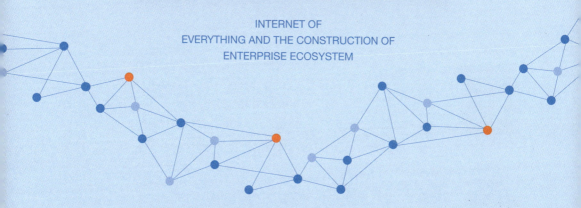

钱晶晶　陈　超　著

社会科学文献出版社
SOCIAL SCIENCES ACADEMIC PRESS (CHINA)

摘　要

　　自20世纪90年代麻省理工学院（Massachusetts Institute of Technology，MIT）的凯文·阿什顿（Kevin Ashton）教授首次提出物联网（Internet of Things，IoT）概念，至1999年MIT自动识别中心（Auto – ID）阐明物联网"万物皆可借助网络互通互联"的含义以来，物联网已受到学术界和实践界的普遍关注。物联网广泛应用于网络融合中，推动了互联网的演化以及信息产业新一轮的革命浪潮。在中国，物联网正在被广泛应用于多个行业，并以智能交通、智能物流及智能家居等形式出现，改变了传统的经济模式和商业模式，也改变了人们的衣、食、住、行方式。

　　物联网将我们身边的许多事物连接起来并使之产生互动，意味着物联网连接的不是某个特定行业系统或供应链，而是与物联网技术相匹配、相连接的利益相关者群体，并最终形成由多个参与者及其互动关联组成的相较于供应链而言更加复杂的网络系统。因此，本书将采用一个崭新的视角——"企业生态系统"（Business Ecosystem）来研究基于物联网技术形成的复杂网络系统的多维度特性。

　　本书在物联网时代下探究物联网技术与企业生态系统之间的关联，借此分析企业生态系统的多维度特性。本书研究的情境是物联网时代对传统经济模式和商业模式的冲击，研究的对象是基于物联网技术的新兴互联网企业和处于互联网转型中的传统制造企业。本书拟解答的问题是：物联网时代企业生态系统的特征、结构和运行机制是什么？具体分为四个解析问题：①物联网时代企业生态系统的特征要素有哪些？②物联网时代企业生态系统的成员有哪些及其采取的战略类型是什么？③物联网时代企业生态系统的动态演化过程怎样？④物联网时代企业生态系统的技术创新与外部环境之间存在何种关系？因此，本书采取定性和定量相结合的混合研究方法（文献计量、案例研究、扎根研究、样本统计），对上述问题进行深入剖析。

第一章介绍研究背景，在此基础上提出本书的研究问题、基本技术路线以及拟采用的研究方法。

第二章首先利用文献计量软件对 Web of Science（WoS）数据库中以"business ecosystem"为主题的文献进行计量和可视化知识图谱分析；其次通过对文献进行梳理详述企业生态系统现阶段的研究成果。

第三章采用扎根研究方法，探究企业生态系统的特征要素。通过收集和整理四家企业（滴滴出行、腾讯、百视通、海尔）的资料，运用Nvivo软件进行编码，围绕"互联网 + 专车"生态系统（滴滴出行）、"互联网 + 通信"生态系统（腾讯）、"互联网 + 电视"生态系统（百视通）、"互联网 + 家居"生态系统（海尔"U +"）进行探索，识别企业生态系统的特征要素，构建了"特征要素"理论模型。

第四章采用多案例研究方法，探究了企业生态系统的战略结构。通过收集和整理移动计算产业中的四家企业（安卓、腾讯、中国移动和小米科技）的资料，以复制逻辑和差别复制的方法进行数据分析，探析企业生态系统的战略结构，构建了"战略结构"模型。

第五章采用单案例纵向研究方法，探究企业生态系统的动态演化。通过对互联网转型企业海尔 30 余年的发展历程中的五次战略变革以及建立的七个平台进行分析，探究了企业生态系统生命周期动态演化的动因、路径和结果，以及动态演化过程中平台的驱动作用，从而构建了"动态演化"和"平台驱动"模型。

第六章采用大样本统计研究方法，探究企业生态系统的共同创新。

以中国 2008～2014 年沪深 A 股非金融上市公司的数据为样本，研究了企业生态系统中的环境不确定性与技术创新的正 U 形关系以及企业规模、盈利能力和企业性质的调节效应。

　　第七章是本书的研究结论和未来展望，目的在于对前文论述内容进行整合，从而识别其理论贡献和管理启示，并总结出研究存在的局限以及未来研究方向。

Abstract

Since the 1990s Professor Kevin Ashton of MIT firstly proposed Internet of Things (IoT) concept, and in the year of 1999 the MIT's Auto-ID Center (Auto-ID) clarified IoT definition as "everything with network interconnection", then the conception has been widespread concern in academia area and industry practice. Internet of Things (IoT) is widely used in network integration, information industry and promote the evolution of a new round of the Internet revolution. In China, IoT is being widely used in many industries and in intelligent transportation, smart logistics, smart home and other forms of applications, changing the traditional economic and business models, and changing the way of people's daily basic necessities of life.

IoT will be a lot of things around us to connect and interact with it, which means that things are not connected to a specific industry or supply chain systems, but with the IoT technology to match the connected stakeholder groups, and eventually cause a result of a plurality of participants and their associated interactive composition ratio of the supply chain in terms of a more complex network systems. Therefore, we will adopt a new perspective— "Business Ecosystem" to study the formation of complex systems based networking technology.

In this dissertation, we choose the IoT era as the background to explore the links between technology and enterprise networking ecosystem, whereby analyze multiple dimensions of business ecosystem. Context of this dissertation is the impact of IoT era to the traditional economic and business models, the object of dissertation is based on the networking technology of the emerging Internet companies and traditional manufacturing transformation of the Internet business. This dissertation tries to answer the research question is: what are the characteristics, structure and operating mechanisms of business ecosystem under the background of IoT? Specifically, the research question is divided into four sub-questions: ① what are the characteristic elements of business ecosystem? ② what are the type of membership structure and strategy of the business ecosystem? ③ what are the dynamic evolution and operation mechanism of business ecosystem? ④ what is the relationship between technological innovation and the presence of external environment in the business ecosystem? Therefore, we apply the mixed research methods of qualitative and quantitative (bibliometric, case studies, grounded theory building, sampling statistics) on these research issues.

The first chapter introduces the research background, on this basis, the research problems, the basic technical route and the research methods. The second chapter utilizes the bibliometrics software to analyze the bibliometrics and visualization knowledge map of the literature which is on the topic of "business ecosystem" in the Web of Science (WoS) database. Then, the research results of business ecosystem at the present stage are detailed by combing the literature.

The third chapter utilizes grounded theory building research method to explore the characteristic elements of the business ecosystem. Through four case companies (Didi travel, Tencent, BesTV, Haier) data collection and processing, using Nvivo software to solve the original data are encoded around the "Internet + rental" ecosystem (Didi travel), "the Internet + communication" ecosystem (Tencent), "Internet + TV" ecosystem (BesTV), "Internet + appliances" ecosystem (Haier U +) to explore and identify the characteristic elements of business ecosystem, building a "characteristic & feature" theoretical model.

The fourth chapter utilizes multiple cases study method to explore the strategic structure of the business ecosystem. Through the mobile computing industry in four typical cases enterprises' (Android, Tencent, China Mobile and Xiaomi Technology) data collection and processing, and with the use of logical and differential replication method of data analysis, this study analyzes the strategic structure of the business ecosystem, building a "strategic architecture" model.

The fifth chapter utilizes single longitudinal case study to explore the dynamic evolution of the business ecosystem. Through the transformation of the Internet Haier 30-year history of the five strategic changes and the establishment of seven platforms, and then collect data to explore the life cycle of business ecosystem of dynamic evolution motivation, building dynamic evolution model and the mechanism of platform's driving force in the process of evolution.

The sixth Chapter utilizes the statistical research method of large sample to explore the technology innovative of the business ecosystem. This study chooses the China A-shares stock companies in Shanghai and Shenzhen stock exchanges during 2008 – 2014 (non-financial listed companies) as samples to explore the relation between environmental uncertainty and technological innovation in business ecosystem, as well as the adjustment effect of enterprise scale, profitability and enterprise nature. And the findings show that the relation between technology innovation and environmental uncertainty is U-shaped relationship.

The seventh chapter is the research conclusion and future prospect, which aims to integrate the previous discussion, identify its theoretical contribution and management enlightenment, and summarize the existing limitations and direction of future research.

目　录

CONTENT

| 第一章 |

物联网时代的企业生态系统

第一节 时代背景与企业生态系统研究进展

一 万物互联时代物联网的发展

自 20 世纪 90 年代麻省理工学院 (Massachusetts Institute of Technology, MIT) 的凯文·阿什顿 (Kevin Ashton) 教授首次提出物联网 (Internet of Things, IoT) 概念, 至 1999 年 MIT 自动识别中心 (Auto – ID) 阐明物联网 "万物皆可借助网络互通互联" 的含义以来, 物联网受到了学术界和实践界的普遍关注。欧洲物联网研究中心 (IERC) 将物联网定义为 "基于互联网技术和网络发展的新一代互联网信息技术的重要整合部分, 具有自我配置能力的全球动态网络基础设施, 通过兼容性标准协议将实物、虚拟实物 (传感器、控制器)、人员、机器等与智能界面一起连接到信息网络世界" (IERC, 2011)。

物联网广泛应用于网络融合中, 推动了互联网的演化以及信息产业新一轮的革命浪潮 (Manyika et al., 2013)。由于物联网有潜在的巨大增长空间, 美国国家情报委员会已经将其列为潜在威胁美国国家竞争力并且具有破坏性的六大技术之一。实际上, 物联网的应用带来了诸多益处,由于物联网具有透明性、可追踪性、适应性、规模化和灵活性等特点，因而可以提高企业的运营效率和价值创造能力并降低经营成本（Chui et al.，2010）。

全球多个国家的政府为了寻求新一轮经济增长点而纷纷将目光聚焦于物联网技术的规划。在全球背景下，中国于2008年11月在北京大学举行了"第二届中国移动政府研讨会"，会议提出物联网作为新一代信息技术将给经济社会带来新形态和新格局。一年之后，温家宝总理提出在无锡高新区建设"感知中国"中心，极大地鼓舞和推动了中国物联网领域的技术研究和商业应用，物联网成为中国五大新兴战略性产业之一并被写入《政府工作报告》。在中国，物联网与"互联网＋"等概念已经被烙上了"中国印"，远远超出当初凯文·阿什顿教授对此概念的界定范围，"物联网"这个英文译词也具有了一定程度上的中国特色。中国工程院邬贺铨院士曾指出，物联网是互联网技术在业务和应用上的拓展，以用户体验为核心，以"创新2.0"为灵魂。物联网不是一项新兴的技术，它使互联网技术得到了更为广泛的应用和拓展。

在中国，物联网正在被广泛应用于多个行业并以智能交通、智能物流、智能家居等形式展现，改变了传统的经济模式和商业模式，也改变着人们的衣、食、住、行：使用"京东"、"唯品会"和"天猫"等购物平台可以挑选生活用品；使用"大众点评"平台可以搜索餐厅和订餐；使用海尔"U＋"的"U＋App"可以远程智能操控家用电器设备；使用"滴滴出行"互联网出行平台可以呼叫出租车或专车。未来社会，很多领域都将受到新兴物联网技术的影响，主要包括个人、家居、企业、公共事业设备及移动设备等（Gubbi et al.，2013）。

美国思科公司预测，2020年之前将有500亿部设备连接互联网，在接下来的十年间物联网将为全球范围内的公司和产业带来14.4万亿美元的商业价值（Cisco，2011）。在全球大力发展物联网的背景下，当代企业应该思考的一个问题是如何应用物联网改善其现有的公司运营和业务模式，从而发掘市场机会和新兴业务以实现可持续发展（Miorandi et al.，2012）。

在特定的标准化通信协定和框架之下，物联网将我们身边的许多事物连接起来并使之产生互动（Atzori et al.，2010）。这就意味着物联网连接的不是某个特定的行业系统或供应链（Lambert & Cooper，2000），而是与物联网技术相匹配连接的利益相关者群体，并终将形成由多个参与者及其互动关联组成的相较供应链而言更加复杂的网络系统，即形成企业生态系统（Business Ecosystem）。

二　企业生态系统的研究进展

企业生态系统理论出现在 20 世纪 90 年代，突破了传统战略理论中以单个企业为核心研究公司战略的思想。在传统的战略管理理论中，包括以安索夫（H. I. Ansoff）为代表的古典企业战略、以波特（M. E. Porter）为代表的竞争战略、以普拉哈拉德和哈默尔（C. K. Prahalad & G. Hamel）为代表的核心能力，均把公司看作独立运行的实体，大多探讨对抗竞争和竞争优势。随着产业环境动态化、竞争全球化、顾客需求多样化以及技术创新步伐的加快，企业逐渐认识到，无论是增强核心能力还是拓展新市场，都离不开通过跨产业联合共同创造消费者感兴趣的新价值这一点（Teece，1986，2007；Barney，1991）。近年来众多学者关注企业间的关系研究，主要聚焦于产业集群、供应链管理、价值链管理、战略联盟以及社会网络，然而这些系统多指较为集中的小规模企业群体或者紧密耦合的组织网络系统，无法被用作解释一个范围巨大的、松散耦合的及自组织的复杂网络系统。

Moore（1993）在吸纳了共同演化理论（Bateson，1973）和自然生态系统理论（Gould，1966，1977）的交叉学科的理论精髓的基础上提出了企业生态系统理论，并指出每一个成员组织在企业生态系统中是竞争合作的关系，通过共同创新为系统生产有价值的产品和提供优质的服务，推动整个系统的共同演化。在 Moore（1993）提出企业生态系统的概念基础上，学者纷纷对其展开了深入研究，主要可以分为概念解析、系统创新性、成员战略以及系统绩效四个方面。

首先，企业生态系统概念聚类以 Moore、Power、Peltoniemi 等的研究为核心。Moore（1993）结合了自然生态和共同演化理论首次提出本概念，Moore（1996）在其专著《竞争的衰亡》一书中为企业生态系统下定义：“企业生态系统是以组织和个体的相互作用为根本的经济联合体。”继而学者研究了具有共生关系的生态成员（Kim et al.，2010）、具有网络特性的生态结构（Power，2001）和具有动态特征的共同演化等企业生态系统概念（Peltoniemi & Vuori，2004）。

其次，企业生态系统与战略聚类主要是在学者们对企业生态系统概念和结构研究的基础上，探究各生态成员的角色和战略支配。Lewin（1999）主张组成成员与整个系统的集体行为联系在一起，将企业成员的战略划分为四种类型：核心型战略、支配主宰型战略、坐收渔利型战略以及利基型战略。骨干型企业处于系统网络的中心位置，通过自身的创新为更多的利基型企业创造条件，从而推动整个系统的生产效率提升和创造多样性（孙冰，2003，2008）。如果在整个系统中得到良好的发展，那么利基型企业很可能成为创造价值和实现创新的主力军，并且实施利基型战略的企业数量可以相当庞大（Iansiti & Levien，2002）。成员类型和战略结构是企业生态系统中战略选择的主要决定因素，并会受到企业运营环境的不确定性程度、创新程度以及与系统中其他成员的复杂关系的影响（Iansiti & Levien，2004b）。

再次，从系统层面看企业生态系统所具备的特征可知，企业生态系统能够产生独特的创新优势。生态系统竞争合作的自组织形式使得企业之间实现了资源互补，发挥各自的核心优势，促使协作创新产生（Adner，2006）。在企业生态系统中，产品的解决方案和关键技术由核心型企业提供，并由其通过模块驱动支配型企业和利基型企业创造创新的互补产品，不断壮大和拓展市场，以实现整个企业生态系统的共同演化（Gawer，2014）。系统中的核心企业通过整合组织边界之外其他企业生态系统成员的创意和知识实现开放式创新（Chesbrough，2003），并使各生态成员之间实现网络共享和价值共创（Persaud，2005）。

最后，企业生态系统与绩效的关系。考察企业生态系统与绩效的关系主要涉及对企业生态系统健康状况评价体系的研究，Iansiti 和 Levien（2002）构建了生产率、稳健程度和利基创造能力三维度模型，从伙伴健康和网络健康两个层面考察企业生态系统的整体绩效情况也是可行的路径（Hartigh，2006）。Hartigh（2006）使用网络理论发展了系统健康程度的测量模型，并实证分析和测量了企业生态系统的绩效。通过对现阶段该领域的文献梳理，本书认为现阶段该领域研究仍然存在以下几点不足。

一是企业生态系统的基本概念和理论仍需进一步巩固。该理论自 20 世纪 90 年代由 Moore 提出以来发展缓慢，学者们从多重视角进行研究，取得了一定的理论进展，然而成果零散且缺少对研究成果的系统性整合以及统一的理论研究框架，有待对理论核心进行巩固和加强。目前学者多从不同理论视角对企业生态系统概念特征（Moore，1996；Power，2001）、成员结构（Peltoniemi & Vuori，2004）、生命周期（Lewin，1999；Iansiti & Levien，2004a）、健康特性（Hartigh，2006）等外在表象进行分析，研究多停滞于运用此概念解释复杂的商业环境和经济联合体现象。

二是对企业生态系统进行理论研究需要进一步采取多重理论视角。Moore、Iansiti 和 Levien 等采用了生态类比法构建了企业生态系统理论，将自然生态和演化理论应用于战略管理领域，而目前学者主要结合生态位理论、创新理论（Adner，2004；Adner & Kapoor，2010）、平台理论（Gawer & Cusumano，2002a，2002b）、复杂系统理论（Peltoniemi & Vuori，2004）对该领域进行研究。现阶段，有关企业生态系统的研究过于分散，研究的成果和结论得不到有效统一，从而阻碍了该理论的进一步拓展。本书认为在自然生态类比法的前提下，将利用不同理论视角进行研究的成果予以统一并提出一个整合的研究框架有利于该理论的广泛应用。

三是学者研究企业生态系统采取的研究方法过于单一，缺乏将多种研究方法混合使用的思路。现阶段关于企业生态系统的核心文献多发表于管理实践类期刊并且缺乏科学的实证分析。企业生态系统的边界模糊特点、结构松散特点以及成员动态变化特点使样本统计研究方法很难应用，案例研究方法和扎根分析方法可以弥补这方面的缺憾，从而更加深刻地展示企业生态系统的内在机制和运行机制。

基于物联网形成的企业生态系统，可以使跨产业的利益相关企业通过共同创新和相互协作进行价值共创（Phlippen，2008），而且整个系统也将包含相互依赖的成员群体，这就超越了传统行业的界限。在物联网时代，对由跨产业合作的利益相关者群体组织形成的企业生态系统进行多维度研究成为一个值得关注且具有研究价值的核心议题。因此，本书紧密贴合时代背景，利用定性研究和定量研究方法，深入剖析企业生态系统的特征、战略、演化和创新等特性，提出对策、建议，使研究更为深入。

三 有关企业生态系统的前沿问题

目前关于物联网时代企业生态系统的研究十分有限，多数关注物联网技术（Miorandi et al.，2012）、物联网的商业应用（Paschou et al.，2013）、社交网络（Atzori et al.，2010）等。本书以物联网时代为背景探究物联网技术与企业生态系统之间的关联，借此分析企业生态系统的多维度特性。本书研究的情境是物联网对传统经济和商业模式的冲击，研究的对象是基于物联网技术的新兴互联网企业和转型的传统制造企业。

本书拟解答的问题是：物联网时代企业生态系统的特征、结构组成以及演化机制是什么？具体而言分为四个解析问题：

（1）物联网时代企业生态系统的特征要素有哪些？

（2）物联网时代企业生态系统的成员结构和战略类型是什么？

（3）物联网时代企业生态系统的动态演化过程是怎样的？

（4）物联网时代企业生态系统的技术创新与环境存在何种关系？

第二节　企业生态系统的多维度构建

一　企业生态系统多维度构建的整体构想

本书的技术路线如图1-1所示，主要内容包含绪论、理论综述、四个章节以及结论和展望，共七个部分。首先，指出了物联网时代中国企业面临的创新以及竞争优势持续性以及跨产业合作的必要性等现实问题。结合企业生态系统理论研究现状，提出本书的研究问题。在文献综述部分，首先利用文献计量方法探讨了现阶段关于"企业生态系统"的文献发表趋势、研究主题聚类及高引文献及共线性。接着采用传统的文献梳理方式，详述了国内外关于"企业生态系统"的研究成果，其中包括：企业生态系统的含义、特征、平台、成员角色、战略类型以及动态演化。在文献计量和文献梳理基础上，构建了本书研究的理论模型图以及四个章节内容。研究的主体部分采用扎根、多案例、探索性单案例以及大样本统计四种研究方法分别设计了四个章节。

第三章，企业生态特征要素维度的扎根解析。本章采用扎根研究方法，选择程序化扎根理论，通过收集和整理四家案例企业（滴滴出行、腾讯、百视通、海尔）的资料，围绕"企业生态系统的特征要素"主题进行开放式译码、主轴译码和选择性译码，分析呈现了四种类型企业生态系统的特征要素，据此构建了特征要素模型。

第四章，企业生态结构要素维度的多案例解析。本章采用多案例研究方法，以移动计算产业作为背景，选取了四家案例企业（安卓、腾讯、中国移动和小米科技）作为研究对象，对该企业生态系统中成员的结构、实施的平台战略和互补战略进行描述。最后具体分析了移动计算行业的

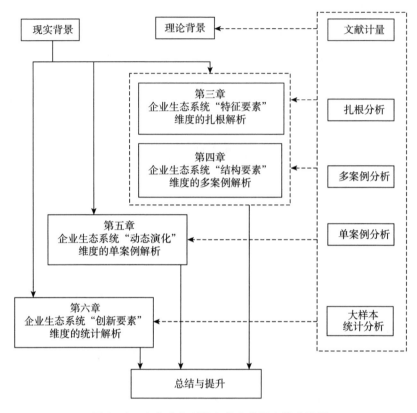

图 1 - 1　企业生态系统多维度的研究技术路线

不确定环境挑战、自组织行为、平台战略以及嵌入战略，构建了"战略结构"模型。

　　第五章，企业生态演化维度的单案例解析。本章采用单案例纵向研究方法，以中国传统制造企业向互联网企业转型的典型案例企业海尔集团作为研究对象，以海尔30余年经历的五次战略变革为单案例纵向研究的分区段标准，以海尔转型并构建的企业生态系统的开拓期、拓展期、领导期和自更新期为研究内容。本章结合资源依赖理论论述了企业生态系统动态演化的动因、路径和结果以及平台驱动在动态演化过程中发挥的重要作用，并构建了动态演化模型。

　　第六章，企业生态创新要素维度的统计解析。本章采用大样本统计研究方法，以 2008～2014 年沪深 A 股非金融上市公司的数据为样本，研究企业环境不确定性与企业的关系。结果表明，企业环境不确定性与企业技术创新之间呈正 U 形关系。进一步地，在区分企业规模、盈利能力和企业产权性质的前提下，研究发现：企业规模和企业盈利能力在环境不确定性与企业关系中的调节作用不显著，然而，相比国有企业，环境不确定性在非国有企业中更能起激励作用。

最后，本书对前文论述内容进行总结，在此基础上归纳主要理论贡献和管理启示，并指出研究过程中存在的不足以及未来研究可以借鉴和提升的方向。

二　企业生态系统多维度构建方法

（一）文献计量研究方法

文献计量方法利用文献计量软件（Histcite、Citespace、Bibexcel 和 Ucinet）对数据库中的大样本书献进行统计，按不同类别进行可视化操作以展现相关领域的研究现状。企业生态系统是本书的研究主题，因此首先采用文献计量方法对 Web of Science（WoS）数据库中，按照"主题 = business ecosystem"，"时间跨度 = 1993 to 2014"搜索到的 234 篇文献进行计量分析并以可视化知识图谱的形式呈现。采用该研究方法的目的是通过大样本书献统计展现"企业生态系统"主题的研究现状、主要脉络、研究方法和研究内容，基于此，找到研究的突破口以展开本书的研究。

（二）扎根研究方法

扎根理论自 1967 年诞生以来，逐步发展成了三个流派：以 Glaser 为代表的经典扎根理论，从数据中发掘理论；以 Strauss 为代表的程序扎根理论，以维度化和主轴编码等方式形成理论；以 Charmaz 为代表的建构扎根理论，以研究者自身的经验结合研究实践建构自己的扎根理论。本书

第三章选择以 Strauss 为代表的程序扎根理论方法，以"企业生态系统的特征要素"为主题进行多种渠道来源的数据搜集、编码处理、概念归类以及理论模型构建。选择滴滴出行、腾讯、百视通、海尔四家案例企业，采用程序化扎根方法提炼了企业生态系统特征的主范畴之间以及范畴之间的逻辑关系。

（三）案例研究方法

案例研究方法有单案例研究和多案例研究之分，单案例多为具有代表性的典型案例，而多案例则主要用于进行相似或相反的案例对比。第四章主要验证企业生态系统的战略结构，由于该问题的复杂性和成员的多样化特征，故而使用了多案例研究方法。Eisenhardt（1989）及 Eisenhardt 和 Graebner（2007）指出运用案例研究方法多选取具有极化特征的案例作为研究对象，第四章选择了移动计算产业中的四个典型案例企业作为研究对象：操作系统企业安卓（Android）、应用软件领域的腾讯、移动通信领域的中国移动以及硬件设备领域的小米科技。主要通过搜集案例资料，对移动计算企业生态系统的战略结构进行分析并构建理论模型。

第五章选择海尔集团作为案例并以海尔发展的 30 年和经历的五次战略变革作为单案例进行纵向研究，分析了企业生态系统动态演化的动因、路径和结果，构建了企业生态系统的动态演化模型。

（四）实证研究方法

第六章检验了企业生态系统中环境不确定性与成员企业技术创新的关系。通过对 2008～2014 年沪深 A 股非金融上市公司的数据进行观测（5525 个观测样本），检验环境不确定性对于企业技术创新的影响，结果发现，两者之间呈现正 U 形的分布特征。在此基础上，进一步检验了企业规模、企业盈利状况和企业性质在环境不确定性与企业技术创新关系中的调节效应。

| 第二章 |

企业生态系统研究的多维进展

本章主要对企业生态系统的相关理论进行分析，并借助科学的文献计量工具展开分析。首先，介绍文献计量方法和计量软件的选用；其次，使用计量软件的可视化操作方法梳理了企业生态系统文献发表的趋势和期刊分类，并进行聚类特征分析、高引文献和共线分析；最后，在可视化分析基础上归纳总结现阶段企业生态系统研究的学术观点和主要成果，并构建了关于企业生态系统多维度研究的整合理论模型。

第一节　基于文献计量的文献梳理

企业生态系统理论体现了 20 世纪 90 年代战略管理领域的重大思想变革，为传统战略管理理论开辟了新的研究路径。在这之前，战略理论大多探讨对抗竞争、关注竞争和竞争优势（Andrews，1987；Porter，1980，1985）。随着产业环境动态化、竞争全球化、顾客需求多样化以及技术创新的加快，企业逐渐认识到，无论是增强核心能力还是拓展新市场，都离不开跨产业联合、共同创造消费者感兴趣的新价值（Teece et al.，1997；Barney，1991）。于是，战略管理领域出现了一个新的发展方向，即 1993 年美国学者 J. F. Moore 首次提出一个全新构念"企业生态系统"（Business Ecosystem）①。

为了从系统层面研究战略问题，Moore（1993）以自然生态类比的独特视角来描述互联网经济市场中的企业活动。他以人类学家 Bateson（1973）的共同演化理论，以及生物学家 Gould（1966）的自然生态系统理论作为企业生态系统理论的基石，建议打破传统的产业边界，各成员企业之间建立竞合关系，跨产业成为企业生态系统整体的组成部分。至此，企业生态系统创造了一种崭新的商业模式，实现了企业间的"共同演化"，从而达到共生（Moore，1993，1996）。

自企业生态系统理论诞生以来，学者们从多个角度对这一构念进行了研究，取得了一定的理论进展。然而，现阶段研究多基于不同理论视角，成果零散且缺乏对成果的系统性整合。因此，本书通过 Web of Science（WoS）数据库，对"企业生态系统"相关文献进行搜索，运用科学计量方法对其展开可视化分析，从而整理企业生态系统理论演进的整体框架，同时通过对高引文献的研读，归纳总结有关企业生态系统的主要观点。

一　文献计量研究工具

本书通过对企业生态系统领域文献的共被引分析，探寻理论发展的轨迹及其内在逻辑关联。为了进行系统全面的分析，本书采用了相对传统文献综述更为科学的方法：文献计量，它有如下几点优势：①可以系统地分析大量文献；②可以将数据池的文献按照高引文献、高频关键词、研究机构等进行分类统计；③可以通过可视化操作以知识图谱的形式展示分析结果。

---

① 关于 James F. Moore 提出的"Business Ecosystem"这一概念，国内多用"企业生态系统"和"商业生态系统"这两个学术用语，两者含义相同，考察的对象也皆为企业，本研究认为前者较为合适，更能体现企业与外部环境之间的相互作用及关系，因此采用"企业生态系统"术语。

基于不同的文献计量软件有不同的优势功能，本书采用了多种软件进行文献计量。①Histcite 软件，对每年发表的企业生态系统文献的数量情况、研究机构发表数量、影响因子高的期刊发表文献数量进行分类分析，从而准确查找本领域的重要文献及其发展历史；②Citespace 软件，对数据池的文献进行高频关键词的聚类分析；③Bibexcel 和 Ucinet 软件，先通过 Bibexcel 软件对数据池文献中共被引文献进行矩阵分析，然后通过 Ucinet 软件绘制共线分析的知识图谱。

进行文献综述的根本目的是选择准确有效的文献，本书通过三个步骤来搜集数据。①选择 Web of Science（WoS）数据库，它是同行评议最好的数据库，并以 ISI Web of Knowledge 作为检索平台，即国际公认的社会科学领域中最好的同行评议期刊数据库。可以通过 WOS 数据库中的引文关系揭示出某领域研究的内在关系。②搜索数据，通过设置条件："主题 = business ecosystem"，"时间跨度 = 1993 to 2014" 共搜索到 1238 篇相关文献；再对文献进行进一步筛选，按 "学科类别 = Management/Business" 及 "文件类型 = Article" 将文献精简到 234 篇。③导出数据，用纯文本格式将精简的 234 篇文献的信息导出，并以此作为文献数据池。④分析数据，借助文献计量工具分析数据池中的文献，选取 "1993 - 1 - 1" 至 "2014 - 12 - 31" 为文献记录的时间跨度，以 2 年为时间片段，并绘制可视化的知识图谱。

二 文献计量的可视化结果

（一）文献数量和期刊分类

本书用 Citespace 软件先整体分析这 234 篇精简搜索到的文献，发现它们分散发表在 153 份学术期刊上，图 2 - 1 展现了 1993 ~ 2014 年其发表数量的变化。分析还表明：①Moore 以 1993 年刊登在《哈佛商业评论》上的文章《捕食者与被捕食者：一种新的竞争生态学》首次系统全面地定义了企业生态系统；②1993 年之后的十年该理论发展缓慢，围绕该理论的文章较少；③以 2003 年为转折点，相关文献呈爆发式增长趋势（见图 2-1）；④文献多发表在管理实践类期刊，如 *Harvard Business Review*（发表 13 篇）、*Business Horizons*（发表 16 篇），具体如表 2-1 所示。

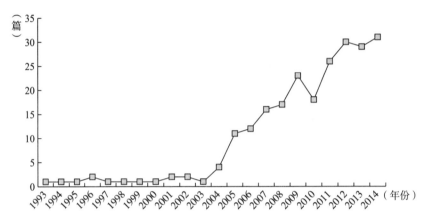

图 2-1　企业生态系统文献发表趋势（1993~2014 年）

资料来源：根据 Histcite 软件可视化结果，作者构图。

表 2-1　发表企业生态系统相关文章最多的前十位期刊

序号	期刊名称	影响因子	数量（篇）
1	*Harvard Business Review*	1.831	13
2	*Business Horizons*	1.284	6
3	*International Journal of Technology Management*	0.492	6
4	*Strategic Management Journal*	2.993	6
5	*Journalof Information Technology*	3.789	5
6	*Technological Forecastingand Social Change*	1.959	5
7	*Journal of Business Ethics*	1.552	4
8	*Journal of Product Innovation Management*	1.379	4
9	*Mit Sloan Management Review*	1.803	4
10	*Technovation*	2.704	4

资料来源：根据 Citespace 软件构图整理。

（二）研究热点和文献聚类

　　某一个领域中学者们共同关注的研究专题或主题，可以通过文章中的高频关键词得以体现，表现为并列关系的聚类特征（陈超美等，2009）。对数据池中的7600篇文献进行高频关键词分析，可以形成节点234个，共出现732次，将聚类特征绘制成图2－2和图2－3。每个圆圈代表一个聚类群，圆圈大小表示该聚类主题文献被引用频次的多少。图2－2中圆圈表示该聚类主题在一段时间内引用率突增而成为前沿热点。在本研究时间范畴（1993～2014年）内，出现频次大于10的关键词有17个，共出现186次，频次最高的为43次。

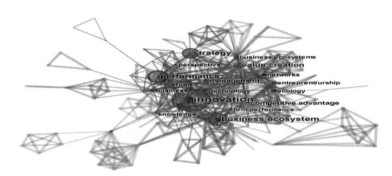

图2－2　企业生态系统研究热点

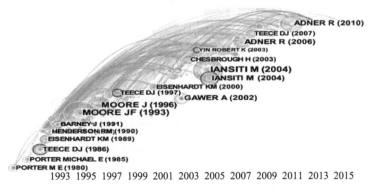

图2－3　企业生态系统高引用率文献图谱

资料来源：根据 Citespace 软件构图整理。

对研究热点和高引文献进行分析发现,企业生态系统研究的四个关键聚类群是企业生态系统概念含义、创新生态系统、企业生态系统与战略、企业生态系统与绩效。企业生态系统概念聚类以 Moore、Power、Peltoniemi 等人的研究为核心:Moore(1993)结合自然生态和共同演化理论(Williamson,1993;Witt,2001)首次提出本概念,继而学者研究了具有共生关系的生态成员(Kim et al.,2010)、具有网络特性的生态结构(Power,2001)和具有动态特征的共同演化概念。企业生态系统与战略聚类在学者们对企业生态系统概念和结构研究的基础上,探究各生态成员的角色和战略支配。生态位思想揭示了各成员战略的差异性和相互掣肘的关系(Lewin,1999),在企业生态系统中各成员分别实施核心型、利基型和支配型战略,并通过扮演不同角色以实现共同演化(Iansiti & Levin,2004a)。企业生态系统与绩效聚类是对生态系统健康状况评价体系的研究,构建了生产率、稳健程度和利基创造能力三维度模型(Iansiti & Levin,2002),并从伙伴健康和网络健康两个层面考察企业生态系统的整体绩效情况(Hartigh,2006)。关于企业生态系统的基础性研究主要体现在前三个聚类分析上,然而,目前研究聚焦于"生态系统的创新性",形成了以 Chesbrough 和 Adner 等的研究为核心的创新生态系统聚类。系统中的核心企业通过整合组织边界之外其他企业生态系统成员的创意和知识实现开放式创新(Chesbrough,2003,2006),并使各生态成员实现网络共享和价值共创(Adner,2006)。

(三)高引文献和共线分析

首先对文献进行共被引分析。利用 Citespace 对数据池文献按照"被引文献"(Cited References)进行分析,得到数据池文献 7600 篇,形成的知识网络包含 453 个连接点、1883 条关联路径。其中被引超过 10 次的文献共 20 篇,构成本领域研究的核心基础,如表 2-2 所示。

表 2 - 2 企业生态系统高引用率文献

作者	被引频次	文献来源	作者	被引频次	文献来源
Moore（1993）	31	*Harvard Business Review（HBR）*	Teece（2007）	12	*SMJ*
Iansiti & Levien（2004a）	30	*Harvard Business School Press*	Porter（1985）	12	*HBR*
Moore（1996）	24	*Wiley & Sons Press*	Barney（1991）	12	*Management Science*
Adner & Kapoor（2010）	22	*Strategic Management Journal（SMJ）*	Chesbrough（2003）	12	*European Journal of Innovation Management*
Iansiti & Levien（2004b）	18	*HBR*	Henderson（1990）	11	*Administrative Quarterly*
Adner（2006）	18	*HBR*	Teece（1997）	11	*SMJ*
Gawer & Cusumano（2002a）	17	*Harvard Business School Press*	Eisenhardt & Martin（2000）	11	*SMJ*
Teece（1986）	15	*Research Policy*	Nelson（1982）	10	*Social Science Electronic Publishing*
Porter（1980）	13	*Free Press*	Peltoniemi（2006）	10	*Emergence Complexity & Organization*
Eisenhardt（1989）	13	*Academic Management Review*	Yin（2003）	10	*Thousand Oaks Ca Sage Publications*

资料来源：根据 Citespace 可视化分析结果而整理。

由表 2 - 2 可知，高引文献分为三类：企业生态系统理论基础研究、战略管理理论经典和研究方法类成果。企业生态系统基础研究涵盖：Moore 于 1993 年刊登在《哈佛商业评论》上的文章《捕食者与被捕食者——一种崭新的生态竞争》，以及 1996 年出版的图书《竞争的衰亡》，位列第一和第三；Iansiti 2004 年与 Levien 合作发表于《哈佛商业评论》上的文章《生态学战略》，及同年出版的专著《骨干型企业战略》处于高引文献第二和第五的位置。Adner 于 2006 年发表的文章《创新生态系统中创新战略的匹配》，及 2010 年与 Kapoor 联合发表在《战略管理杂志》上的文章居第四和第六位。战略管理的经典文献，集中讨论了竞争优势（Porter，1980，1985）、动态能力（Teece，1986、1997，2007；Eisenhardt & Martin，2000）、资源基础观（Barney，1991）。研究方法类成果主要包含 Eisenhardt 1989 年发表的案例研究文章《通过案例研究构建理论》以及 Yin 2003 年出版的专著《案例研究：设计与方法》。

在对高引文献分析进行的基础上，本书利用 Bibexcel 和 Ucinet 软件对高引文献进行共线分析。首先使用 Bibexcel 软件计算出原始 23×23 矩阵，在形成标准化矩阵之后导入 Ucinet，最终绘制成如图 2-4 所示的知识图谱。该图显示：①Iansiti（2004）与 Moore（1996）共线 18 次，与 Moore（1993）共线 17 次，与 Adner（2010）共线 12 次，与 Gawer（2002）共线 11 次；②Moore（1993）与 Moore（1996）共线 14 次，与 Adner（2006）共线 13 次；③Adner（2006）与 Iansiti（2004）共线 9 次，与 Moore（1996）共线 9 次。有 16 篇文献的共线频次超过 10 次以上，其发表者集中于 4 位学者：Moore、Iansiti、Gawer、Adner，这些作者的研究成果存在广泛的共被引关系，因其具有原创观点和不同的理论视角。

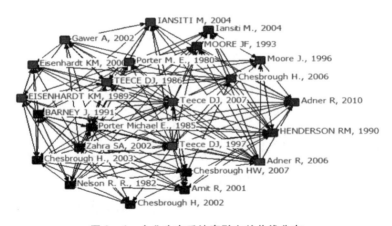

图 2-4　企业生态系统高引文献共线分布

资料来源：根据 Bibexcel、Ucinet 软件构图。

三　文献计量的理论模型构建

从可视化分析结果得知：企业生态系统理论作为研究战略管理问题

的新视角，2003 年之后得到学界的热议和重视；该领域的基础研究形成
企业生态系统概念含义、企业生态系统与战略、企业生态系统与绩效、
创新生态系统四大关键聚类群；其中高被引和高共线的前 20 篇文献集中
于企业生态系统和战略管理的经典研究以及研究方法类经典成果上。本
书依据可视化分析结果，结合 Dubin（1978）理论模型中的五个维度
（理论单元、关联法则、理论适用范围、概念系统阐述、研究方法），构
建企业生态系统"5C 模型"（见图 2 - 5）。

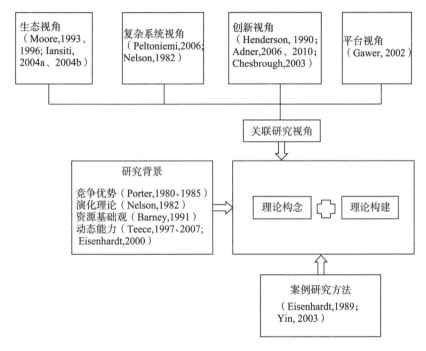

图 2 - 5　企业生态系统理论演进"5C 模型"

资料来源：作者整理。

（一）理论构念维度

学者们在企业生态系统理论的构建过程中普遍关注的相关理论概念
可以用 Dubin 模型中的"理论构念"维度进行概括（Dubin，1978）。本

书在聚类和共线分析的基础上，总结了五个理论概念单元：成员结构、战略、创新、生命周期及健康性。企业生态系统是由顾客、生产者、供应商、投资者、政府机构、工会等广泛的利益相关者所构成的经济联合体（Moore，1993，1996）。它们之间由于存在相互依赖的关系，而形成具有松散网络结构特征的企业生态系统（Iansiti & Levien，2002，2004b）。各生态成员通过扮演不同角色共同维持生态系统的成长与更新。目前，学界关于成员结构的研究聚焦于平台核心型企业如何实现互补和整个生态圈的共同创新（Gawer，2007，2014），以及怎样搭建价值共享平台，如何创建开放式创新驱动的模式（Chesbrough，2006）。

企业生态系统中的各成员企业会根据不同的情况选择不同的战略。比如，依据贡献大小，可分为平台战略和互补型战略；依据角色不同，可分为核心战略、支配战略和利基战略（Iansiti & Levin，2002，2004a）。在企业生态系统中，产品的解决方案和关键技术由核心型企业提供，可以通过它来播撒"创新的种子"以吸引其他企业加入，并由其通过模块驱动支配型企业和利基型企业创造出创新的互补产品，不断壮大和拓展市场，以实现整个企业生态系统的共同演化（Gawer & Henderson，2007）。同时，促进其生命周期从开拓期到拓展期、领导期至自更新期的更迭（Moore，1996），直到旧的企业生态系统因无法满足持续的创新而被新的生态圈所取代（Moore，2006；Peltoniemi，2006），企业生态圈的生命周期也便如此进行着不断的更替。而"健康性"是用来评价一个生态圈的持续生命力的，大多数学者通过考量系统的生产率和强健性、利基企业的创造能力等来展现健康性的程度（Iansiti & Levien，2002；Hartigh，2006）。

（二）理论构建维度

企业生态系统理论概念的规律和法则可以用 Dubin 模型的"理论构建维度"加以概括（Dubin，1978）。本书结合高引文献和贡献分析总结五个理论概念，系统描述了概念间相互关联的规律，并利用关联法则将其绘制成图 2-6。

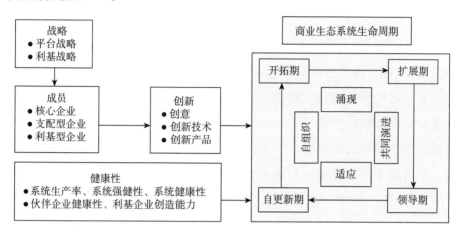

图 2-6 企业生态系统理论构建模型

资料来源：作者整理。

企业生态系统生命周期始于创业型企业发现顾客的一种新需求，这好比是发现一颗"创新的种子"，创造性地提供新价值主张以满足这种市场需求（Moore，1996，2006）。为了提供创新产品或服务，需吸引更多的追随者加入，这就构成了企业生态系统的成员结构。作为创新的发现者，创业型企业成为核心企业并启动企业生态系统的演化模式，运用平台战略提供关键性资源和技术为平台提供支撑（Gawer，2014），让追随者加入并扮演支配型和利基型角色。共同创新是企业生态系统的核心目标，企业通过自发组织实现共同创新（Chesbrough，2006），通过竞合关系创造新产品和服务推动生态圈的演化（Nelson，1985）。

企业生态系统的演化是一个不断更新和成熟的生命历程（Peltonie-mi，2004），整个系统的持续性由其健康程度（包括组织层面和系统层面）决定。Hartigh（2006）认为健康性包含了系统的生产率和强健性、伙伴企业的健康性以及利基企业的创造能力。健康程度良好的生态圈以演化和共同创新为宗旨完成生命周期的更迭：开拓、拓展、领导和自更新。

（三）研究背景维度

研究背景维度概括了企业生态系统理论应用的边界范围（Dubin，1978）。结合对高引文献及其他延伸文献的研究，本书梳理了企业生态系统产生的时代背景和理论背景，该理论主要用于解释跨行业企业间联合及复杂经济体的结构特征、运行机制和战略选择。企业生态系统理论的出现挑战了经典战略理论，并为战略管理领域提供了一个崭新的研究视角，即用"企业生态系统"的概念来解释企业间无边界跨产业的竞合关系，正所谓，"战略来源于竞争，而竞争来源于生物学的法则"（夏清华，2002，2011，2013）。"企业生态系统"是通过生物类比法创立的，它既是对战略理论发展的一种传承，也是一种突破。

20 世纪 80 年代，以 Andrews（1987）和 Porter（1980，1985）为代表的学者从产业经济学、组织行为学及管理学角度研究环境对企业竞争战略的影响："SWOT 框架"说明战略是企业内外部优势的平衡（Andrews，1987）；"五力模型"概述了产业结构决定企业的竞争优势（Porter，1980，1985）。到了 90 年代，战略管理领域的竞争和竞争优势理论无法解释信息技术发展背景下跨产业无边界合作的组织管理实践，因此企业生态系统理论应运而生。该理论更新了从竞争优势、资源基础观、动态能力等视角强调的企业间的对抗竞争，转而强调企业间的竞合关系和企业生态系统的建立（Hammer & Champy，1993）。

（四）关联视角维度

关联视角维度对现有研究中阐述企业生态系统的不同理论视角进行了概括（Dubin，1978）。本书收集了四个关键聚类群的相关文献并进行分析，结果发现，现有研究从四个不同的理论视角展开企业生态系统研究：以 Moore、Iansiti 为核心的生态视角；以 Peltoniemi、Vuori 为核心的复杂系统视角；以 Chesbrough、Adner 为核心的创新视角以及以 Gawer、

Cusumano 等为核心的平台视角。其中，从创新视角和平台视角来探究企业生态系统是研究的最新趋势。

企业生态系统开启者 Moore（1993，1996）以生态类比法指出企业生态系统是由利益相关者组成的经济联合体，目的在于实现共同演进。每个企业成员会因扮演不同的角色（如核心型企业、利基型企业和支配型企业）而存在独特性和差异性，因此根据其生态位特点实施不同的战略模式（Iansiti & Levien，2002，2004a）。复杂系统视角将生态看作历经自组织、兴起、演进到适应四个成长机制发展过程的生态成员相互关联的网络结构（Peltoniemi & Vuori，2004；Hartigh，2006；Kim et al.，2010）。而创新视角认为"整合战略"和"开放式创新"应该被企业生态系统的核心企业所利用（Chesbrough，2006），进而降低外部环境风险，促进相互依赖的生态圈成员实现价值创造及整个企业生态的创新演化（Adner & Kapoor，2010）。平台视角则把企业生态系统成员分为核心型成员和互补型成员，其中，提供关键技术和资源支持平台发展的企业是核心型成员，发挥协同作用的企业是互补型成员（Gawer，2014），它们通过平台实现优势互补以及整个生态圈的共生共荣。

（五）研究方法维度

研究方法概括了现有研究在探索企业生态系统理论时惯用的研究设计和方法（Dubin，1978）。在可视化分析中，Eisenhardt（1989）的文章《通过案例研究构建理论》以及 Yin（2003）的专著《案例研究：设计与方法》均是案例分析方法方面的经典文献，它们的引用率均排在前 20 位（见表 2 - 2）。可见，案例分析是现阶段进行企业生态系统研究的主要方法。

由文献发表趋势的可视化分析得知，企业生态系统近 30 年来的经典文献多发表于 *Harvard Business Review* 及 *Business Horizons* 等管理实践类的期刊，文章多结合案例对理论进行阐述。比如，Moore 在《捕食者与被捕食者——一种崭新的生态竞争》一文中以计算机公司 Tandy 和苹果公司为案例，对两家公司形成的生态圈特征进行对比，选取 IBM 公司阐释企业生态系统的四个阶段；Iansiti 和 Levien（2004）列举了微软公司同软件开发者组成的企业生态系统及沃尔玛与供应商组成的企业生态系统，解释了企业生态系统中不同的成员结构和战略角色；Adner（2004）通过对 Michelin 公司生产创新的轮胎产品及苹果公司研发新的智能识别技术在推行过程中遇到的种种困难，说明处于企业生态系统中的企业需要将自身的创新战略与整个创新生态系统相匹配才能获得成功；Gawer 和 Cusumano（2008，2014）对英特尔公司进行跟踪调研，从而开创性地从平台视角研究企业生态系统。

第二节　有关企业生态系统研究的文献整理

Moore（1996）认为企业生态系统的视角使传统的战略管理（核心产品和服务）概念得到了扩展，延伸了网络（企业的延伸），并指出企业不应被看作单个产业的成员，而应是跨产业企业生态系统中的一部分。企业生态系统是由具有竞争合作关系的企业组织群落形成的松散复杂的网络联合体，有别于紧密耦合的网络系统。Moore（1996，2006）总结了战略管理领域中企业、网络、企业生态系统三者在商业关系、改进方式、关系治理、合约形式以及联盟意图五个方面的差别，如表 2 - 3 所示。

表 2 - 3　战略管理的范围扩展

项目类别	战略管理的范围		
	企业 （核心产品和服务）	网络 （企业的扩展）	企业生态系统 （共同演化的复杂系统）
对商业关系的关注	具有长期倾向的顾客和供应商关系	管理的关系系统	共同演化的、自组织的系统
对持续改进的关注	产品和流程	组织互动、流程扩展	群体成员的创新投入

项目类别	战略管理的范围		
	企业 （核心产品和服务）	网络 （企业的扩展）	企业生态系统 （共同演化的复杂系统）
改进的方式	减少产品缺陷；尽量让产品符合标准	提高产品品质和流程的标准化	为顾客创造非凡的价值体验
关系治理的最重要的合约形式	产品差异化、流程差异化、TQM 标准	关键组织之间的协议	社群治理体系，类似民主的治理机制
关键成员的结盟意图	顾客、供应商的满意度与关键成员绩效之间的一致性	主要成员的战略导向和投资	由维系共同命运和愿景的组织形成的社群

资料来源：Moore（1996，2006）。

Moore（1996）及 Iansiti 和 Levien（2004b）均认为从企业生态系统的视角出发，与传统的战略管理视角和组织网络视角对商业现象及问题的研究完全不同。首先，企业生态系统理论认为网络可以作为企业更新的方式，而不是挑战企业现有组织框架的外部威胁因素（Iansiti & Levien，2004b）。其次，企业生态系统不仅检验了企业网络中组织之间的关系，同时定义了组织所扮演的角色以及用以维持自身和系统的健康性和绩效的战略形式。而传统的组织网络理论仅仅关注网络成员之间的相互联系，却忽略各自的角色和战略。最后，竞争与合作的关系对企业及其网络的存续至关重要（Moore，1993；Iansiti & Levien，2004b）。

一 企业生态系统的含义演化

（一）多类型的概念对比

"企业生态系统"是"Business Ecosystem"的译文，国内学者常用到的两个类似的术语是"企业生态系统"和"商业生态系统"，然而两个术语皆是以企业为研究对象，本书选择"企业生态系统"的表达方式，是因为其更贴近物联网时代跨产业合作的商业现象。

企业生态系统的概念由"企业"和"生态系统"两部分组成，很显然是采用生态学类比的方式研究企业运行的环境和成员组成的复杂系统的现状（Lichtenstein，1996）。在生态学理论中，"生态系统"的概念是由英国的生态学家 A. G. Tansly 于 1935 年提出的，他认为，生物群落及其生存的环境，在一定的时间和空间内，所构成的具有一定规模和结构的有机整体即为生态系统。处于生态系统中的各生物依赖系统的物质流动、能量流动和信息传递建立相互关系，通过彼此联系和彼此依赖，从而形成一个兼具自我组织、自我调节和自我适应等特征和功能的复杂联合经济体。

　　Moore（1993，1996）和 Iansiti 和 Levien（2004a，2004b）的生态系统类比法很快得到其他学者的响应，纷纷将"生态系统"（Ecosystem）术语引入各自领域，于是出现了诸如产业生态系统、数字生态系统、创业生态系统、社会生态系统以及技术生态系统等概念，与企业生态系统概念容易产生混淆。因此，本书将几种生态系统概念进行简单对比，如表 2－4 所示。

表 2－4　不同类型生态系统概念对比

生态系统类型	应用领域	概念特点	定义
自然生态系统	自然界	部分群体之间相互关联	由生物体及空气、水等自然资源组成的群体
产业生态系统	产业界	材料和能源的循环利用	追求产业环保，进行企业资源循环利用
数字生态系统	软件产业	互联网科技企业互联	由多类型数字化科技企业构成的数字软件环境
创业生态系统	新产业界	成员分享创新知识和技术	由创业型企业与领导型在位企业构成的创新经济团体
社会生态系统	社会	组成成员相互依赖	由相关企业、顾客、供应商，连同经济、文化和法律机构构成的社会环境
企业生态系统	跨产业联合体	组成成员共同演化	基于组织共同演进的经济联合体

（二）演化进程的定义对比

企业生态系统与生态系统相类似，美国著名的战略管理学者 James F. Moore 于 1993 年在《哈佛商业评论》上发表的《捕食者与被捕食者——一种崭新的生态竞争》一文中正式提出"企业生态系统"（Business Ecosystem）概念。他在文中指出，企业生态系统就像生态系统一样，由自发组织的个体逐步建立成为具有结构化特征的社群。Moore（1996）在其专著《竞争的衰亡》一书中为企业生态系统下定义："企业生态系统是以组织和个体的相互作用为根本的经济联合体。"同时指出，企业生态系统中的利益相关者包括供应商、主要生产者、竞争者以及其他成员，每一个成员在系统中不仅是竞争或合作的关系，而且通过共同创新为系统生产有价值的产品和提供优质的服务，最终实现共同演化。

Moore（1993，1996）提出企业生态系统的构念之后，学者们开始纷纷关注这一新概念。有关企业生态系统的不同定义，主要强调系统成员之间的相互关联，以及成员之间相互依赖从而得以生存的本质特点（Peltoniemi，2004；Hartigh & Asseldonk，2004）。Moore（1993，1996）及 Iansiti 和 Levien（2004a，2004b）提出的企业生态系统概念，为促进企业网络研究的深入提供了一个新的视角，因为它强调把企业看作商业环境中密切相连的个体存在，强调个体企业在它所嵌入的系统中所扮演的关键角色。Iansiti 和 Levien（2002，2004a，2004b）发展了企业生态系统概念并提出了系统健康性的测度方法。

尽管企业生态系统概念能够克服战略联盟和虚拟网络组织等研究的劣势，而且成为战略研究领域的热点，并将生态学类比方法引入企业战略研究领域，却由于缺乏科学的分析工具无法呈现企业生态系统的多维度特性及可供商业实践界参考和利用的价值。截至目前，企业生态系统的概念已经被提出长达 20 余年，它却仍是一个较为新兴的研究领域，学者们使用不同的方法和视角对其展开研究，对其的定义和描述如表 2 - 5 所示。

表 2 – 5　企业生态系统的含义

文献来源	文献类型	相关定义	分析单元	研究类型	核心观点
Moore（1993）	期刊论文	企业生态系统是以组织和个体的相互作用为根本的经济联合体，成员通过创新和竞合关系提供创新产品和服务	企业网络	概念分析	利用生态系统知识和逻辑思维，尝试思考环境变迁下的战略逻辑
Moore（1996）	期刊论文	无	企业生态系统	概念分析	每个成员通过合作、联盟等方式进行共同演化，实现创新。成为系统的领导者则需要持续的创新，具有系统的可嵌入性质
Gossain & Kandiah（1998）	期刊论文	无	无	概念分析	企业生态系统商业的另一种形式，它涉及理解组织核心能力的范式改变
Iansiti & Levien（2004a）	期刊论文	企业生态系统本质上是由组织成员构成的一个松散连接的企业网络。成员企业的绩效和健康性与系统整体密切相关	企业网络中相关联的企业	概念分析	提出一个评价企业生态系统健康程度的框架；提出系统中成员的生态位和相对匹配的战略
Iansiti & Levien（2004b）	著作	企业生态系统本质上是由组织成员构成的一个松散连接的企业网络。成员企业的绩效和健康性与系统整体密切相关	企业网络；成员关系；网络结构	实证分析	尽管提供了企业生态系统的健康性评价指标和测度方法，仍处于描述类比阶段，并没有提出深入的运行机制
Peltoniemi（2004）	会议论文	企业生态系统概念有利于研究复杂系统及其特征，并为研究相关联企业提供了整体和系统视角	企业生态系统	概念分析	研究目标是对产业集群、价值网络和企业生态系统进行比较分析
Hartigh & Asseldonk（2004）	研究报告	围绕核心技术形成的供应商与顾客的网络，它们相互依赖，共同生存	企业网络；关联企业	概念分析	提供了一个研究框架，用以研究网络结构、企业战略和创新扩散模式之间的关系
Peltoniemi & Vuori（2004）	会议论文	企业生态系统是由相互关联的组织群落构成的动态结构，组织群落由小企业、大企业、大学、研究机构、公共管理机构组成	企业生态系统	概念分析	尝试定义企业生态系统并解释其中的复杂逻辑关系

文献来源	文献类型	相关定义	分析单元	研究类型	核心观点
Peltoniemi, Vuori & Laihonen (2005)	评论性论文	企业生态系统是由大量相关联的组织种群组成的动态结构，它通过自组织和演化的方式向前发展并适应环境变化	企业生态系统内部和外部的多样性	概念分析	探讨了一个企业在企业生态系统中如何运行，并分析了企业如何调整内部结构以使内部多样性适应其外部环境
Vuori (2005)	会议论文	企业生态系统是由相互关联的组织群落构成的动态系统结构	知识密集型企业及其企业生态系统	系统层面的概念分析	探讨了知识密集型企业作为企业生态系统的成员，尝试建立以利益相关者为基础的概念模型
Quaadgras (2005)	会议论文	由众多企业生产的复杂的产品和服务，其中没有企业占主导	联盟和企业关联	实证分析	企业生态系统是仅被用作网络的术语，采用网络模型技术定义 RFID 企业生态系统并预测企业的参与度
Peltoniemi (2006)	研究报告	企业生态系统是由企业和其他组织构成，成员之间既竞争又合作，系统通过成员的关联、创新，从而面对外部环境快速变迁和不确定性等挑战	组织群落的关系	概念分析	为组织群落的组织行为和发展变迁提供一个理论研究框架
Den Hartigh et al. (2006)	会议论文	围绕核心技术的供应商和顾客形成的网络，它们彼此依赖，共同生存	企业网络之中的关联企业	实证分析	使用网络模型技术提供了关于荷兰 IT 生态系统的分析框架
Foer (2006)	书评	无	无	无	讨论了企业生态系统概念的提出，为研究企业战略和联盟的形式提供了一个独特的视角
Gawer & Cusumano (2008)	期刊论文	平台领导者产生，并与提供互补型产品和服务的企业合作形成创新的生态系统，使创新的价值最大化，并吸引更多的参与者加入平台和企业生态系统	平台型企业；创新生态系统	实证分析（案例）	探讨了产业平台的建立以及围绕平台形成的企业生态系统，并分析了要成为平台领导者所实施的战略选择（核心平台战略、边缘平台战略）

文献来源	文献类型	相关定义	分析单元	研究类型	核心观点
Adner（2009）	期刊论文	随着信息技术的进步，企业的合作成本减少，创新的企业生态系统已经成为众多产业中企业增长战略的一个核心要素	创新生态系统	实证分析（案例）	探讨了在创新的企业生态系统中，企业如何将自己的创新战略与整个系统进行匹配
Adner & Kapoor（2010）	期刊论文	无	创新生态系统；上游供应商企业；下游顾客	实证分析	为分析技术的相互依赖性提供一个结构化路径；提出了一个创新生态系统的结构框架
Zhu & Iansiti（2012）	期刊论文	无	平台型企业	实证分析	开发了一个模型用以检验新的平台能否与现有平台实现共存
Adner & Kapoor（2016）	期刊论文	无	创新生态系统	实证分析	提供一个框架结构分析创新生态系统中新旧技术创新的更迭

从表 2 - 5 的统计可以看出，企业生态系统作为一个有较大应用价值的战略制定工具，现阶段的研究仍处于初期，关于其含义和定义仍存在较大的争议，甚至很难得出一个准确的定义。在这一领域，大多数研究还处于概念分析阶段，而很少上升到实证分析的高度——主要运用自然生态系统类比的方法丰富和完善企业生态系统的概念。

Iansiti 和 Levien（2004a，2004b）扩展了 Moore（1993，1996）的定义，界定了企业生态系统中成员的角色并将其与整个系统的集体行为联系在一起，分别为核心型企业（Keystone）、支配主宰型企业（Dominator）、坐收渔利型企业（Commodity）和利基型企业（Nicke Player）。他们认为企业生态系统中的企业很少处于平等和谐的状态，成员之间扮演着相异的和不平衡的角色，同时强调这是一个相对松散的系统。

之后，一些学者诸如 Peltoniemi（2004，2006）、Peltoniemi 和 Vuori（2004）等的相关研究试图解开企业生态系统内部运行机制之谜，然而其研究仍然处于概念分析的初步阶段，成为制定理论框架以及开发模拟模型的基础。正是这些学者的研究成果，为开展实证研究奠定了基础，比如 Hartigh 和 Asseldonk（2004）。这些学者将企业生态系统作为研究对象，使用网络技术分析其运行机制，比如网络结构对网络和企业绩效的影响。在随后的 2005～2006 年，学者关注的焦点有所改变，比如 Moore（2006）使用企业生态系统探讨反垄断问题。Hartigh（2006）使用网络理论发展了系统健康程度的测量模型并实证分析和测量了荷兰 IT 生态系统。

二　企业生态系统的多维特性

（一）系统层面特性

从系统层面看企业生态系统具备多种特性。首先是创新性。企业生态系统能够产生独特的创新优势。成员在共享系统信息的基础上，依靠自身的知识和经验对信息进行加工，从而产生了创新知识（Hartigh，2006）。生态系统竞争合作的自组织形式使得企业之间实现了资源互补，发挥各自的核心优势，促使协作创新的产生（王晓东、蔡美玲，2009）。在企业生态系统的生命周期中，系统中的创新能力很可能无法跟上外部环境变迁的步伐和顾客消费需求的改变，因此系统内部必须不断加强机制创新，发挥每个成员的潜能和创造力，使整个系统保持创新能力和旺盛的生命力（Adner，2006）。

其次是复杂性。企业生态系统中每个成员相互关联形成一个生态网络，每个成员的变化将会牵涉其他成员。企业生态系统是开放性的，与环境密切相关且相互作用，会随着外部环境的变化而演化发展（Jablon-ka，2000；贺团涛等，2008）。同时，系统又具有动态特性，系统对外部环境变化具有感知和预测能力（成思危，2000；程胜，2005；贾根良，2006）。

再次是松散耦合性。企业生态系统类似于生物界的自然生态系统，是由很多实体的组织形成的一个较大且松散连接的网络系统。松散耦合的特性与传统的模块化设计并不相同。后者要求其中的组件具有可替代性，这会给设计者带来很多的约束和创新的障碍；而前者只要求开发者基于互通性和扩展性的一般原则，将约束降到了最小限度，有助于设计较为分散化的网络或系统（扬西蒂、莱维恩，2006）。

最后是共系命运和共同进化。自然生态系统的生存法则是"物竞天择，适者生存"，然而企业生态系统更多强调的是整体上的"互相适应"，个体通过竞争合作的方式获得"双赢"，跳出了传统经济市场中"零和博弈"的竞争体系和框架（徐建彬，2009；邱屹峰，2009）。企业生态系统中成员企业之间是共系命运的，任何成员创新能力的下降都会导致系统竞争力的下降（Daniel，1998），因此需要与成员加强合作，不断提升能力，实现共同进化的目的（Iansiti & Levien，2004a）。核心领导型企业发挥自身的优势并通过与其他企业配合，激发其创造能力和做出互补性的贡献，通常采取投资和战略合作方式促使供应商、互补成员以及顾客共同进化（李朝霞，2001；刘巧绒等，2010）。例如，英特尔公司每年不惜花费巨资向市场宣传"Intel Inside"的价值理念，鼓励顾客使用高技术含量和高性能的电脑芯片，同时支持软件公司开发基于英特尔芯片的配套软件（胡斌、李旭芳，2013）。

（二）成员层面特性

从成员层面看企业生态系统同样具备生态性、智慧性等多种特征。首先是生态性，企业生态系统中的企业与自然生态系统中的生物相似，比如都具有适应环境的能力、成长的特性以及从初生到衰亡的生命周期。因此，企业生态系统中的成员无法独自生存，必须与其他成员进行物质和信息等资源的交换，相互依赖以求共同生存和共同进化。其次是智慧性（毛荐其、俞国方，2005；卢中华、李岳云，2009），企业生态系统的智慧性特征体现了其与自然生态系统的不同之处。自然生态系统的成员没有决策和选择的能力，完全依照自然法则和进化的规律进行演化（栾永玉，2007；吕玉辉、丁厂青，2006）。然而，企业生态系统是由具有决策意识和创造能力的人和企业组成的，可以根据外部环境的变化进行自我决策并投入创造新事物的活动中（胡斌、李旭芳，2013；彭盾，2010）。自然生态系统中的生物体只有生存这一单纯目的，而企业生态系统中的企业为了增强对外部环境的适应性，通常关注创新，通过持续的创新活动创造出更具有价值并且能满足市场和顾客需求的创新产品和服务，以此使整个系统得以存续和可持续发展（刘巧绒等，2010）。

三　企业生态系统的平台构建

平台的概念变得越来越普遍，存在于多个领域，如新产品开发和运营管理领域、技术战略领域以及产业经济领域。Gawer（2014）认为平台领导型企业提供产品、服务及技术等，外部其他企业可以提供互补品，从而形成企业生态系统。平台核心企业掌握创新技术或是为很多企业提供关键技术解决方案，以此为基石搭建平台，吸引众多的利基型企业和互补型企业加入企业生态系统，实现协同创新和共同演化（Iansiti & Levien，2004a、2004b）。

平台最突出的特征是网络效应，被企业生态系统中的成员广泛使用和依赖时才能发挥它的效用，平台与基于平台而产生的多样化产品和服务成为企业生态系统的基石（扬西蒂、莱维恩，2006）。平台能为企业生态系统中的成员提供商业机会，在平台使用者的共同努力和相互作用下，促进技术创新能力的不断演化，如图2-7所示。

（一）平台系统和核心基础

首先，平台必须在特殊的情境下为企业生态系统成员提供解决共同问题的方案，并充分发挥和释放技术优势，围绕平台的技术基础和解决

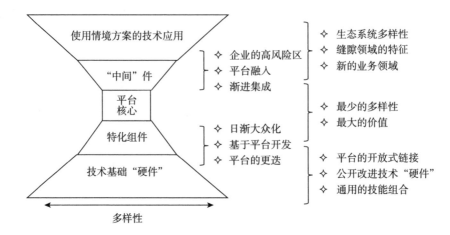

图 2 - 7　适应外部环境情境的平台架构

资料来源：〔美〕马尔科·扬西蒂、罗伊·莱维恩：《共赢——商业生态系统对企业战略、创新和可持续性的影响》，王凤彬、王保伦等译，商务印书馆，2006，第 214 页。

方案使系统逐步建立起来（扬西蒂、莱维恩，2006）。以微软公司为例，它提供的第一个产品是简单的 BASIC 编程器，用户基于这个技术方案可以大力发挥计算机的潜能。

（二）平台系统和界面平衡

平台的基本功能是关注问题的解决方案，并以此为基础构建网络核心型战略。平台之间的主要差异在于提供不同形式的问题解决方案，体现在系统的执行能力与界面的功能两个方面（扬西蒂、莱维恩，2006）。一个成功的网络核心型平台能够合理地分配在系统执行和界面功能两个层面的资源投入。例如微软公司不断创新视窗平台的前沿技术，这是以牺牲技术组件的细节改进为代价的，结果则可能导致平台功能在进化中积累很多问题。

（三）平台系统和开放性

平台需要有选择性地共享某些功能以平衡分散化的创新和权力的控

制。随着企业生态系统的逐渐成熟，平台所要解决的问题也日趋一般化，同时平台会面对外部环境中新的技术创新的挑战（Iansiti & Levien，2004a）。这时候，过去的平台会日渐衰败而亟待创新。因此，平台需要开放部分功能，使企业生态系统中的其他成员可以进行修正和调整。这对于网络核心型平台来说是一个挑战，因为选择开放的部分很可能使平台失去控制权。

（四）平台系统和重塑力

平台为整个企业生态系统提供了重塑的机会。随着互联网技术的发展和普及，技术创新日趋标准化，利基型企业围绕平台实现价值创造和共享的机会相较以前有了很大的提升。利基型企业在整个生态系统重塑过程中也发挥着巨大作用，通过参与界面功能的优化，促进平台功能界面和系统性能的改进和升级（Iansiti & Levien，2004b）。

四　企业生态系统的成员和结构

（一）多层次的成员角色

企业生态系统是建立在现代网络经济而不是传统的规模经济之上的，因而生态系统中的成员呈现多样性的特点，核心企业在生态系统的演化过程中扮演重要角色，其他企业和组织成员则扮演相互依赖的共生关系角色。企业生态系统是 Moore（1993）等人在生态学类比下产生的理论概念，它是由许多生物物种（系统成员）所构成的复杂系统。如果我们用函数 F 来表示企业生态系统（BM），那么构成它的生物物种有企业种群（$\sum_A$）、消费者（$\sum_B$）、供应商（$\sum_C$）、市场中介（$\sum_D$）、金融机构（$\sum_E$）、投资者（$\sum_F$）。企业生态系统中各成员的依赖关系既有复杂的垂直关系也有水平关系，其中供应商、消费者和市场中介之间是垂直关系，而政府、高校、科研机构、其他利益相关者以及竞争对手之间则是复杂的水平关系（梁骏等，1999）。因而企业生态系统的成员可以用函数 F 表达为：

$$企业生态系统(\mathrm{BM}) = F(生物成员)$$
$$= F(\sum\nolimits_A, \sum\nolimits_B, \sum\nolimits_C, \sum\nolimits_D, \sum\nolimits_E, \sum\nolimits_F, \cdots)$$

企业生态系统处于复杂多变和高度不确定性的外部环境之中，因此环境中的一些非生物的生态因子也会对系统产生影响，这些因素包括政治因素（$\sum\nolimits_A$）、经济因素（$\sum\nolimits_B$）、文化因素（$\sum\nolimits_C$）、科技因素（$\sum\nolimits_D$）、自然资源的因素（$\sum\nolimits_E$）、人力资源因素（$\sum\nolimits_F$）等（楼园和赵红，2002）。从与自然生态系统的类比中可以得知，自然生态以动植物为中心，相较而言，企业生态则以企业为中心，尤其是具有关键核心能力的企业在企业生态系统中占据核心的位置，形成核心生态系统，从而产生扩展生态系统和整体生态系统（见图2-8）。

企业生态系统是由企业、供应商、顾客以及其他利益相关者共同组成的经济联合体，这些群体构成了价值链及价值网络，通过相互协作使资源、能量和信息在系统网络中流动和循环。在企业生态系统中，各成员的分工有所不同，大体可以分为三类：生产者、消费者和分解者。生态系统的生产者依靠有价值的产品和服务形成利润；消费者是产品和服务的使用者，在消费过程中对生产者的持续创新和生产活动给予支持；分解者在生产者和消费者之间发挥协调的作用，维护整个企业生态系统的存续和发展。

随着经济的全球化发展，企业竞争的外部环境愈加复杂并充满不确定性，企业之间的竞争逐步转化为企业生态系统之间的竞争。成功的企业生态系统内部的成员通过共同创新和演化实现价值的最大化，为最终顾客创造更大的价值。因此，在实现价值共创和价值最大化的过程中，生态系统中的核心企业需要综合考虑各个成员的优势和劣势，并制定整

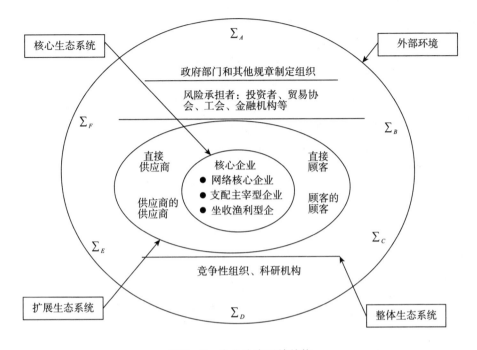

Σ_A

核心生态系统

外部环境

政府部门和其他规章制定组织

风险承担者：投资者、贸易协会、工会、金融机构等

Σ_F

Σ_B

直接供应商

核心企业
● 网络核心企业
● 支配主宰型企业
● 坐收渔利型企

直接顾客

供应商的供应商

顾客的顾客

Σ_E

Σ_C

竞争性组织、科研机构

扩展生态系统

Σ_D

整体生态系统

图 2-8 企业生态系统结构

资料来源：根据〔美〕詹姆斯·弗·穆尔《竞争的衰亡——商业生态系统时代的领导与战略》（梁骏、杨飞雪、李丽娜译，北京出版社，1999，第 20 页）整理。

体的发展战略，而各成员在核心企业的引领下实施各自的战略，维系整个系统的共荣发展（梁运文、谭力文，2005）。

（二）商业链的网络结构

企业生态系统的结构是由系统中的成员通过相互关联和相互作用的方式形成的，成为整个系统存续和稳定性的保障。在企业生态系统中，核心企业处于中心位置，通过提供技术创新等整体解决方案，吸引系统上游的供应商，以及供应商的供应商参与，同时与顾客以及顾客的顾客相互关联（Peltoniemi，2006）。核心企业与这些成员通过相互之间的依赖关系进行物质（产品和服务等）、能量（资金）和信息的交换，从而形成了如图 2-9 所示的商业链条（胡斌、李旭芳，2013）。

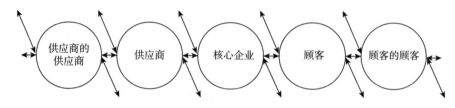

图2-9 企业生态系统的商业链

注：双箭头表示相互作用和信息流向；箭头向左表示资金流方向；箭头向右表示物资和价值流方向；物资流量减少，价值流量增加。

资料来源：胡斌、李旭芳：《复杂多变环境下企业生态系统的动态演化及运作研究》，同济大学出版社，2013，第23页。

    首先，企业生态系统的边界具有模糊性和不确定性，主要致力于构建与同质企业群落之间、与周边环境中的其他组织之间以及以核心企业为轴心的上游和下游的合作伙伴之间的关系，所以它不是传统意义上的垂直一体化的价值链系统（韩福荣、徐艳梅，2002；Hitt et al.，2000）。其次，图2-9所示的商业链中的成员不是一成不变的，会随着外部环境的变迁和市场需求的改变而不断通过自组织的方式进行更新和增减（Peltoniemi，2004）。商业链中的成员之间也不是简单的线性关系，因为每个成员有可能是企业生态系统中另外一条商业链上的成员（Peltoniemi，2006）。这些商业链相互交错在一起形成一个更加复杂的且不规则的网络状结构，系统中的网络节点按照"幂律分布"的规律排列，即网络中心的核心节点拥有众多的链接，而许多节点则只有几个链接。因此，动态变化、交叉相错和复杂多变皆为企业生态系统的结构网络特点（楼园、赵红，2002）。

    企业生态系统的结构错综复杂，规模更是千差万别，它既可以是小范围的商业活动的集合体，也可以是大规模的企业联合体（胡斌、李旭芳，2013）。以美国微软公司为核心的企业生态系统涵盖了几十个业务域，如图2-10和表2-6所示，其中某些业务域甚至包括数以千计的企业（Iansiti & Levien，2004a）。

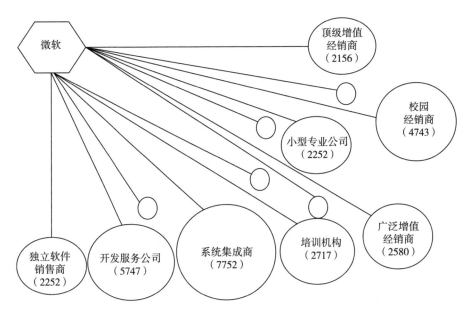

图 2 - 10　微软的企业生态系统成员构成

表 2 - 6　微软的企业生态系统成员

单位：家

业务域	公司数量	业务域	公司数量
系统集成商	7752	综合大卖场	220
开发服务公司	5747	信息输出软件公司	160
校园经销商	4743	数据管理程序公司	105
独立软件销售商	2252	电脑超市	51
培训机构	2717	应用软件服务供应商的聚集商	50
广泛增值经销商	2580	电子零售商	46
小型专业公司	2252	办公用品超市	13
顶级增值经销商	2156	总聚集商	7
主机服务提供商	1379	会员制仓储超市	7
互联网服务提供商	1253	缝隙市场专营商店	6
商业咨询机构	938	次级分销商	6

业务域	公司数量	业务域	公司数量
软件支持公司	675	应用软件集成商	5
信息输出硬件公司	653	微软的直接经销商	2
消费电子公司	467	微软直属商店	1
非细分市场经销商	290	网络设备供应商	1
媒体商店	238	网络服务提供商	1

资料来源：Iansiti, M., Levien, R., "The Keystone Advantage: What the New Dynamics of Business Ecosystem Mean for Strategy, Innovation, and Sustainability", *Personnel Psychology*, 20（2），2004b, pp. 88–90.

Iansiti 和 Levien（2004a）根据微软公司提供的数据（官方正式合作商及其数量），总结出了 2004 年以前微软公司在 32 个业务域及关联的合作伙伴，反映了以微软公司为核心的企业生态系统的成员类型、成员数量，从而描绘出了整个网络系统的规模和结构。微软公司的企业生态系统至少跨越了四个行业：个人电脑、通信、IT 和家电，整个系统以微处理器的创新为核心向网络的上游和下游扩展，英特尔和惠普等顾客和供应商包含其中（穆尔，1999）。从中也可以看出，企业生态系统具有无边界及开放特性，所以更加适合商业管理者根据复杂多变和不确定性的环境制定企业战略，促进管理者跨行业共同提升创新能力并不断演化，实现创新迭代（胡斌、李旭芳，2013）。

五 企业生态系统的战略类型

企业生态系统中的成员扮演着不同的角色，采取不同的战略类型在生态系统中求得生存（Iansiti & Levien，2004a）。表 2-7 从定义、存在的显著性、价值创造、价值占有和倾向与挑战五个方面对四种战略类型进行对比和描述。

表 2-7　企业生态系统的战略类型

战略类型	定义	存在的显著性	价值创造	价值占有	倾向和挑战
骨干型	积极提高企业生态系统的整体健康水平，并在此过程中维持自身绩效	控制系统中的少数节点，在系统中的存在并不显著	将创造的大部分价值与整个系统网络分享	充分实现价值共享	创立平台，分享重要的技术解决方案；挑战来自持续创造价值及选择其支配的领域
利基型	拥有专业化和差异化的战略定位，与系统中其他成员不同	单个个体很微弱而不显著，由于数量上的优势，一旦在系统中生存，将构成系统的大部分	通过联合的方式创造系统网络中的价值	享有自身创造的价值	依赖系统中的核心企业所提供的解决方案，专注于某个独特领域的价值创造活动
支配主宰型	通过纵向一体化或横向一体化战略，控制系统网络中大多数节点的生态位	控制系统中的大多数节点，其存在比较显著	承担系统中大多数的价值创造活动	占有大部分价值	主要在于控制和占有系统中的价值；挑战在于确定和进行中的大多数活动
坐收渔利型	从生态系统中获取尽量多的价值，但并不直接控制网络	控制系统中非常少的节点，其存在非常不显著	依赖系统网络的价值创造	私自占有大部分价值	其行动和收益不相匹配。不控制系统网络，却将其作为价值来源

（一）骨干型战略

骨干型战略（Keystone Strategy）是指企业生态系统中的核心主导企业，为了维持整个系统的健康运行而实施的一种运营战略，比如美国微软公司的战略属于这一类别。骨干型企业处于系统网络的中心位置，调整系统中各成员之间的相互关系，并通过自身的创新为更多的利基型企业奠定基础，从而提升整个系统的生产效率和多样性（孙冰，2008）。为了实现这一目标，骨干型企业需要制定有利于整个系统运行的创新解决方案、提高系统的资源利用率和创新能力，并分享系统中的资源、创新能力和资产（扬西蒂、莱维恩，2006）。

然而，骨干型企业取得网络核心位置并不是通过支配系统中大部分的价值创造活动实现的（Morrison，2008）。相反，它们处于系统网络的核心位置，通过有效管理和控制使系统生产效率和创新能力提升的各种客观因素和状况，促使系统健康演化（Day et al.，2005）。骨干型企业的责任在于维持整个系统的平台领导力，以骨干型企业为平台核心，提供创新解决方案，与系统中的其他成员分享，从而驱动其他成员共同创新，维持系统的生产效率和创新能力（扬西蒂、莱维恩，2006）。总体而言，骨干型战略的两个基本要素是创造企业生态系统的核心价值；与企业生态系统中的其他成员分享价值创造。

（二）利基型战略类型

企业生态系统中的大部分企业可以采用利基型战略（Niche Strategy），在充分利用系统资源的情况下尝试开发自身在某方面的专长能力，实施差异化的运营战略。如果在整个系统中得到良好的发展，那么利基型企业很可能成为创造价值和实现创新的主力军（Iansiti & Levien，2004a，2004b）。利基型企业通过对生态系统中资源的有效利用并实施有效的分工，可以避免资源的重复配置以及提升系统网络的健康度。识别企业生态系统中的利基型企业通常有两种方法，一种是从数量上判断，另一种则是从生态位上判断。在企业生态系统中，其数量通常超过其他成员企业，比如在软件行业中，利基型企业与其他类型企业的比约为10∶1（扬西蒂、莱维恩，2006）。

许多利基型企业尽管在企业生态系统中处于非核心位置，但是并不影响它们驱动生态系统的创新。它们持续进行新产品和服务的开发以及市场创新，其创新精神、专业化以及多样性维持了系统的健康稳定（Iansiti & Levien，2004b）。然而，利基型企业若要获得成功需依赖系统中的其他成员企业，因而对于它们而言，分析自身在企业生态系统中的处境，并识别系统中的骨干型企业、主宰型企业显得至关重要（扬西蒂、莱维恩，2006）。总结起来，利基型战略的几个关键要素是为企业生态系统创造价值；维持专业化能力；依赖骨干型企业获取能力；保持创新的持续性；与其他成员分享价值并规避不确定性环境中的风险。

（三）支配主宰型战略类型

支配主宰型战略（Dominator Strategy）是企业为了实现内部的价值创造并获得价值最大化的一种运营战略。实施这种战略的企业通常通过横向或纵向一体化从而管理或控制企业生态系统的整体或局部业务域，比如美国的 AT&T 以及 IBM（石新泓，2006）。采用此战略类型的企业一方面通过从事价值创造活动主宰价值分配，另一方面控制着参与价值创造和分享价值的其他成员企业。支配主宰型企业和骨干型企业一样，也在企业生态系统中处于核心位置，不同点在于它们竭尽全力掌握企业生态系统的支配权（Iansiti & Levien，2004b）。采用这种战略类型的企业通常为了满足市场需求而提供一整套产品和服务，基本上不给其他企业过多依赖和共享的空间和机会。同样地，为了维持支配主宰地位，这些企业也必须不断地增加内部研发的投入。然而，随着时间的推移，支配主宰型企业生态系统的多样性降低，受到其他生态系统的挑战和威胁，甚至面临被击垮和取代的厄运（扬西蒂、莱维恩，2006）。

（四）坐收渔利型战略类型

坐收渔利型战略（Hub Landlord Strategy）与支配主宰型战略不同的是，其是试图不通过纵向一体化实现对企业生态系统或业务域的控制，从中获取尽量多的价值的一种战略（扬西蒂、莱维恩，2006）。采用这种战略类型的企业像是自然生态系统中的寄生虫一样，不关注生态系统的健康状况，而纯粹地从系统中攫取利益和价值。这些企业利用企业生态系统中的其他成员并使用平台战略进行价值获取，其结果往往导致企业生态系统的衰亡。成员类型和战略结构目标是企业生态系统进行战略选择的主要决定因素，同时也会受到企业运营环境的不确定性程度、创新程度以及与系统中其他成员的复杂关系的影响（Iansiti & Levien，2002），如图 2 - 11 所示。

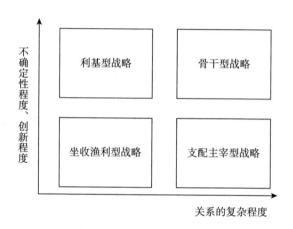

图 2 - 11 企业生态系统成员企业战略类型

资料来源: Iansiti, M., Levien, R., "Strategy as Ecology", *Harvard Business Review* 82 (3), 2004a, pp. 68 - 81.

面临快速变迁的外部环境，企业为了稳定发展可以聚焦于某个熟悉而确定的业务领域并实施利基型战略，通过提升专业化技能求得生存。如果企业处于资产共享的复杂网络的核心位置，那么骨干型战略不失为一种有效的战略选择。如果企业依赖外部资产的复杂网络而且相关产业较为成熟，那么其可以采用支配主宰型战略。如果企业选择获取网络资产价值的最大化，那么可以选择坐收渔利型战略，但是企业生态系统会因此受牵连甚至走向衰亡。

六 企业生态系统的动态演化

企业生态系统的演化进程与自然生态系统一样，即为了生存和物种的延续而经历开拓期、拓展期、领导期和自更新期这样的生命周期，且这样的动态演化过程是围绕生态系统中的核心产品进行的（王兴元，2005）。当具有创业精神的企业家开始关注顾客需求，并计划创新产品和服务为顾客传递价值，企业生态系统的开拓期便开启了。进入开拓期，生态系统中的成员不断扩张，生存下来并拓展领地。到了领导期，企业生态系统需要满足两个条件才能使其成员争夺领导权：一是有增长趋势和充足的利润率，二是提升价值的组成结构相对稳定（Peltoniemi，2004）。当外部环境发生变化时，企业生态系统或者通过创新持续发展，或者因创新能力不足而衰败甚至消亡，因此，在企业生态系统的自更新期需要对整个系统进行重构（见图 2 – 12）。

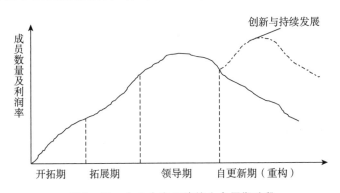

图 2 – 12　企业生态系统的生命周期阶段

　　企业生态系统的规模随着演化的进行而发生改变：从开拓期到拓展期，成员数量由少变多；在领导期，成员数量逐步稳定；到了自更新期，成员数量则会由多变少。系统的规模和成员数量的变化取决于企业生态系统中的核心价值和创新能力是否能够持续（张焱、张锐，2005）。

（一）开拓期

　　开拓期主要是围绕"创新的种子"与顾客和供应商等共同合作，提出满足市场需求的新的价值主张（Moore，1993）。值得注意的是，新兴的企业生态系统需要保护好新的创意以免被其他组织利用而开发出类似的产品和服务，因此要紧密联系主体消费者、关键供应商以及重要的渠道（Moore，1996）。处于开拓期的企业生态系统可能并不完备，然而关键点在于寻找到创新的价值主张，并与利益相关者如供应商、顾客、投资者、合伙人等建立起互利共生的关系（胡斌、李旭芳，2013）。

（二）拓展期

拓展期是将创新的产品和价值主张扩大至更广阔的市场，与供应商和合作伙伴共同实现市场占有率的最大化。这一阶段企业生态系统的成长速度由诸多因素综合决定，比如核心产品、市场需求、替代品的竞争力以及顾客价值。这一时期的企业生态系统中利润率高、资源丰厚，因此会吸引更多的供应商、金融投资机构及其他组织群体的加入并共享平台，从而扩大企业生态系统的边界（刘友金和易秋平，2005；李湘桔和詹勇飞，2008）。

（三）领导期

领导期的企业生态系统相对成熟且结构比较稳定，系统中的核心领导企业需要持续创新并提供一个具有竞争力的长期愿景以激励供应商和顾客通力合作，继续为市场提供有竞争力的产品、服务和创造市场价值。这个时期的主要特征是各成员组织相互配合共同形成企业生态系统的自组织机制；稳定的生态系统结构和充足的资源吸引更多的外来者加入；内部由于争夺领导权和分享利益而出现激烈竞争（Peltoniemi & Vuori，2004）。因此，企业生态系统的核心企业即领导者，一方面需维持创新能力以抵御外部的克隆竞争者，另一方面需提升创新能力，并凭借对系统的贡献引领整个系统向前发展。

（四）自更新期

经历了开拓期、拓展期、领导期的企业生态系统变得更加成熟而稳定，当然也面临着外部环境中新兴的生态系统和创新的威胁。这一时期的企业生态系统将经历一场动荡，同时面临着截然不同的命运选择：放慢创新节奏；将创新嵌入现有的企业生态系统；直面现实环境，重构企业生态系统（Moore，1993、1996）。不同的选择将给企业生态系统带来不同的发展方向，一种是因满足现有成就无法跟上市场需求和创新技术的步伐而被外部环境中其他生态系统所取代；另一种则是以核心企业为领导共同提升创新能力和开发适应市场需求的新产品和服务，实现转型升级和重构（张焱、张锐，2005）。

第三节　企业生态系统的多维理论模型

与传统战略管理思想强调产业竞争和竞争优势不同，企业生态系统以生态学类比的独特视角，描述跨行业企业间的竞合关系和共同创新。本书采用科学计量方法，利用文献计量软件对 WOS 数据库中涉及企业生态系统的文献进行梳理，对该主题文献发表趋势、文献聚类群特征、高引文献、高引文献共线性等进行可视化分析，并绘制知识图谱。在此基础上，结合 Dubin 模型要素，构建了企业生态系统的"5C"理论模型。具体研究结论如下。

第一，企业生态系统理论自1993年提出之后发展缓慢，以2003年为转折点得到学界关注且相关文献也呈迅速增长趋势。目前该领域的研究主要集中于四个关键主题聚类群：企业生态系统概念、创新生态系统、企业生态系统与战略、企业生态系统与绩效。

第二，企业生态系统理论演进的知识图谱显示，有21篇被引文献的引用率超过10次，从 Porter 创立竞争优势理论的20世纪80年代跨至 Adner 构建创新生态系统的2010年。高引文献中包含企业生态系统理论基础研究、战略管理理论经典和研究方法类成果。通过对高引文献的共线性分析发现，以 Moore、Iansiti、Gawer、Adner 四位作者为核心的相关文献存在较高的共线性且个性鲜明。

第三，基于文献计量分析，并结合 Dubin 模型要素，本书从五个维度（理论构念、理论构建、研究背景、研究视角及研究方法）构建了企业生态系统理论研究的"5C模型"。结果表明：企业生态系统理论源于战略管理理论的发展，是在其演化中应运而生的；目前学者多采用案例研究的方法从生态、复杂系统、创新、平台等视角，对企业生态系统的多个理论维度如成员、战略、创新、健康性、生命周期展开研究。

未来，企业生态系统领域的学者可以从理论的巩固、视角的融合、研究方法的改进、中国情境的结合等方面进一步开展研究和进行拓展。

首先，理论需巩固。目前学者多从不同理论视角对企业生态系统概念特征、成员结构、生命周期、健康特性等外在表象进行分析，研究多停留于运用此概念解释复杂的商业环境和经济联合体现象。未来，学者需巩固该理论体系，将目光从企业生态系统外在表象分析聚焦于生态圈内在共同演化、创新的机制和运行机制的深度探索。

其次，视角需融合。企业生态系统的本质是一种隐喻，即采用自然生态的类比法解释商业现象。目前学者在研究中侧重不同的视角，如生态、平台等，然而各种视角之间缺乏一致的理论假设。未来，该领域需融合多样化理论，并增强不同理论视角之间的一致性和融合性，形成企业生态系统研究的统一范式。比如，可融合资源依赖理论，研究企业生态系统微观层面中的成员相互关联和共同创新的内在机制；可融合社会网络理论探索企业生态系统的网络结构、核心成员的中心度和结构位置，以及成员间的网络关系。

再次，方法需完善。现阶段该领域的核心文献多发表于管理实践类期刊如《哈佛商业评论》《商业视野》等，缺乏大样本的实证分析。这可能由于企业生态系统生命周期较长，系统内成员结构复杂、变化多样，搜集大样本数据难度较大。然而，一个理论的健康发展离不开实证分析命题假设并进行科学验证。未来，可运用多案例和仿真等研究方法进行拓展。此外，可以尝试界定企业生态系统，搜集系统及成员的相关数据，建立跟踪调查的数据库，以便促进实证研究的展开。

最后，情境需结合。企业生态系统理论源于阐释企业边界模糊和跨产业合作现象。中国企业正面临转型升级的严峻考验,传统企业遭遇困境,互联网企业则致力于构筑创新生态圈。未来,中国学者可结合转型时期的特殊情境,对互联网创新生态系统的构建以及传统企业生态系统的重构进行深入研究,为经济新常态背景下的中国企业发展建言献策。

本书根据对现阶段"企业生态系统"主题文献的统计,通过对相关文献发表趋势、发表主题文献最多的期刊分类、研究主题的聚类、研究关键词的分布、高引文献的共被引和共线性等的可视化分析,结合Dubin(1978)理论构建模型发掘了企业生态系统主题研究的 5C 模型:研究的理论构念(Conception)、研究的背景(Context)、研究的关联视角(Connection of Views)、研究的案例方法(Case-study)以及研究的理论构建(Construction)。其中,在企业生态系统理论构建模型图中,总结学者对本理论概念研究的侧重点及核心议题:企业生态系统生命周期(开拓期、拓展期、领导期、自更新期)、成员结构(核心企业、支配型企业、利基型企业、坐收渔利型企业)、成员战略类型(骨干型战略、利基型战略、支配型战略、平台型战略)以及系统和成员的健康性(生产率、强健性、创造能力等)。企业生态系统的理论构建模型虽展现了现阶段研究的核心议题,然而议题之间的逻辑关联不够细化和清晰。

因此,本书在文献综述部分文献计量分析的基础上对企业生态系统领域相关经典文献和部分前沿文献进行精读,寻找企业生态研究的清晰脉络和细致化的研究成果并按照以下顺序对研究成果进行罗列:企业生态系统的概念、定义、系统层面特征、成员层面特征、平台、成员组成、网络结构、战略类型、动态演化和生命周期。文献梳理更加细致地呈现了文献计量描绘的企业生态系统理论构建模型,将现阶段研究的核心议题做了细致的陈述和总结。在文献计量理论构建模型图的基础上结合理论核心点的文献梳理,构建了如图 2 - 13 所示的理论研究框架图,从多个维度揭示了企业生态系统的研究现状和拓展方向。

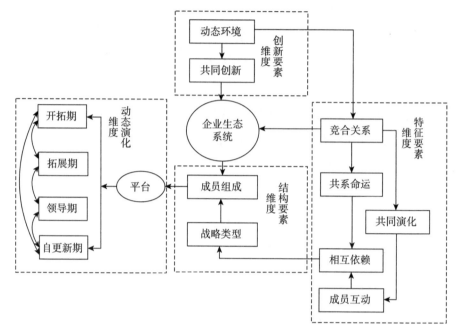

图 2 - 13　企业生态的多维度理论模型

理论模型包含四个维度，分别是特征要素维度、结构要素维度、动态演化维度及创新要素维度。特征要素维度展示了企业生态系统有别于其他复杂网络系统（战略联盟、社会网络、产业集群等）的特征，该系统是松散耦合的企业群落的集合体并依靠相互依赖、竞争合作的方式进行互动从而实现共同演化和构建共系命运的企业生态系统。结构要素维度体现了企业生态系统的成员结构和战略类型，系统中的成员本着生态位的原则各适其位并实施相应的战略求得生存发展，成员企业扮演不同的角色并实施不同的战略。

动态演化维度阐述了企业生态系统是一个随周围商业环境变化而不断发生演化的生命系统结构，如同自然生态系统一般经历开拓、拓展、领导和自更新。每个发展时期的企业生态系统都会呈现独特的一面及其与环境适应的结果表现，平台对企业生态系统的动态演化会起到驱动和促进的作用。创新要素维度揭示了企业生态系统的共同创新的本质特点，系统中的核心企业以提供核心技术解决方案来吸引和驱动成员企业的创新，共同创新本质上是为了适应外部环境的变迁以达到与环境和谐共存的平衡状态。

| 第三章 |

企业生态系统"特征要素"维度的扎根解析

本章进行多案例扎根研究，主要阐述本书研究理论模型中的"特征要素"维度（图3-1的阴影部分），通过对以四个案例企业为平台核心的企业生态系统的扎根研究，分析了企业生态系统显著的六个特征要素。首先，介绍了扎根研究方法和逐级编码程序，包括开放式译码、主轴译码和选择性译码；其次，对四个平台核心案例企业进行介绍（滴滴出行、腾讯、百视通、海尔）；再次，对以四个案例企业为核心的企业生态系统特征进行逐级编码操作，获得了95个概念和15个范畴，最终归纳为6个主范畴：环境要素、竞合要素、成员要素、运行要素、创新要素和演化要素；最后，结合相关文献对企业生态系统的特征要素维度进行分析和讨论。

随着互联网技术的发展和智能互联产品的增多，"物联网"（IoT）走进了人们的视野，IT技术和物联网将给企业的竞争和战略选择带来第三波变革浪潮。物联网的广泛应用带来了许多潜在的价值，如企业运营效率的增强、价值创造的增加和成本的降低等（Chui et al.，2010）。物联网技术的应用与人们的衣食住行息息相关：使用"京东""唯品会""天猫"等购物平台可以挑选自己喜欢的衣服；使用"大众点评"平台可以搜索餐厅；使用海尔"U+"的"U+App"可以远程智能操纵家中的家电产品；使用"滴滴出行"互联网出行平台可以呼

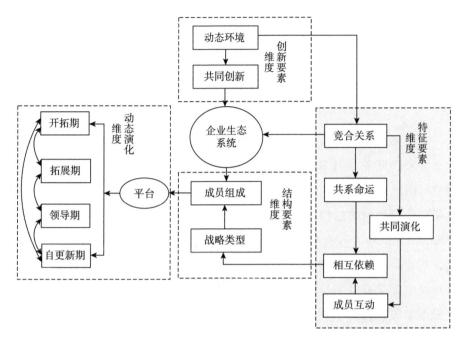

图 3 - 1　企业生态系统特征要素维度的理论模型（阴影部分）

叫出租车或专车。物联网将不同产业和供应链以及其他的利益相关者联系在一起，形成了一个共同创新和共同演化的企业生态系统，体现了价值共创和跨产业合作的典型特征（Moore，1993；Rong et al.，2013a，2013b，2011）。基于物联网形成的企业生态系统包括相互依赖、共同生存的一切群体，比如产业组织、用户、标准制定机构等。现阶段，有关物联网企业生态系统的研究十分有限，多数关注物联网技术（Miorandi et al.，2012）、物联网的商业应用（Paschou et al.，2013）、社交网络（Atzori et al.，2010）等。本章从企业生态系统的视角分析基于物联网形成的复杂系统所具有的一般特征要素。因此，本章探讨的问题是：基于物联网形成的企业生态系统有哪些特征要素？这些特征要素之间有怎样的逻辑关联？

第一节　基于特征要素维度的方法可行性

一　扎根研究的不同流派

本章采用扎根分析方法进行理论探索，扎根理论方法最早是被两位社会学家巴尼·格拉泽和安塞尔姆·施特劳斯用来研究社会组织及死亡过程的时间序列的理论（Glaser & Strauss，1965）。格拉泽和施特劳斯在构建死亡时间序列的过程中形成了系统的策略方法，并著有 *The Discovery of Grounded Theory*（《扎根理论的发现》，1967）一书，倡导学者在进行数据分析和研究时构建理论，而非单纯地根据已知理论检验理论假设。扎根理论研究具有以下显著特征：在数据搜集的过程中进行数据分析；从数据而非逻辑假设中构建分析代码；在数据分析的每个阶段不断进行比较分析；在数据搜集和分析的每个步骤逐渐发展理论；针对理论构建的需要选择性地进行抽样；形成独立分析结论后，与理论文献进行比照着从而展开评述（Charmaz，1990）。

扎根理论自 1967 年诞生以来，逐步发展成了三个流派：以格拉泽为代表的经典扎根理论，从数据搜集和数据分析中发掘理论；以施特劳斯为代表的程序扎根理论，以维度化和主轴编码等方式形成理论；以 Charmaz 为代表的建构扎根理论，以研究者自身的经验结合研究实践建构自己的扎根理论（费小冬，2008）。本章选择以施特劳斯为代表的程序扎根理论，逐级分析搜集到的数据并与现有文献结合进行理论分析，从而得出推论。本章选择此类扎根分析方法还基于以下原因：首先，扎根分析方法已经被国内外学者广泛运用于管理学相关理论研究并获得主流管理学者的认可；其次，扎根分析比较适合本章关于"企业生态系统特征要素"的理论探索研究；最后，扎根分析方法的数据来源较为广泛且数据获取的形式多种多样，在综合一手数据、二手数据、现有文献等数据基础上不断进行比较分析，提高质性分析的可靠性。

二　扎根研究的步骤解析

对搜集的数据进行处理的过程遵循逐级编码程序：①编码小组，笔者与一位创新创业方向的博士研究生、一位战略管理方向的博士研究生共同组成译码小组，独立编码，减少由于编码者知识结构不同而产生的偏差，并做好编码备忘录；②比较分析，编码过程中，在发现新的概念和范畴时，不断地进行比对和归属界定，将比较分析贯穿编码始终；③信度和效度，本章对数据逐级进行编码，通过文献检验理论饱和度，并采用返回资料重新译码的方式，解决编码中的分歧和疑惑。本章按照三个步骤完成编码：①开放式译码，对搜集到的案例资料进行贴标签操作，从而提炼出相关概念，再根据概念归纳其范畴；②主轴译码，将利用开放式编码得到的范畴进行串联；③选择性译码，将利用开放式编码和主轴编码得到的范畴和主范畴结合起来，围绕"企业生态系统特征要素"进行分析。

第二节　基于特征要素维度的方案设计

一　企业生态系统的案例选择

（一）滴滴出行及其企业生态系统

北京小桔科技有限公司成立于 2012 年 6 月，滴滴打车软件由该公司开发并于 9 月在北京上线。2012 年 12 月金沙江创投对滴滴打车的 A 轮投资额达到 300 万美元，B 轮投资于 2013 年 4 月完成。此外，滴滴打车还获得腾讯集团 1500 万美元的投资。据艾瑞集团 2013 年发布的打车软件行业报告，滴滴打车市场份额达到 59.4%。2014 年 3 月，滴滴打车的用户数超过 1 亿，司机数量超过 100 万，日均接单 521.83 万单，成为移动互联网日均接单量最大的交易平台。2014 年 8 月推出另一款商务用车领域的产品即滴滴专车。到目前为止，滴滴打车已经从单纯的出租车打车软件，发展为包括专车、快车、顺风车、代驾等多种业务的出行平台。2015 年，公司正式更名为"滴滴出行"，由柳青出任公司总裁，并于 2 月完成与快的打车公司的战略合并。根据尼尔森 2016 年 3 月发布的《中国移动互联网出行市场研究报告》，滴滴出行的市场份额和品牌价值稳居出行软件榜首。2016 年 8 月，滴滴官方宣布和优步达成战略协议。图 3 - 2 即显示了滴滴出行的企业生态系统。

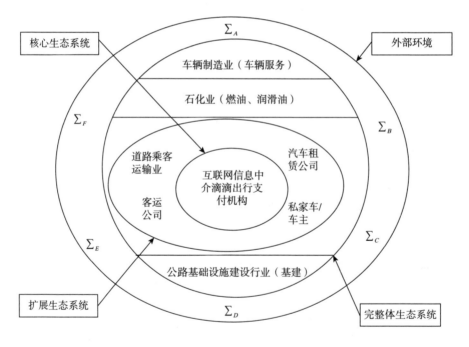

图 3 - 2　滴滴出行企业生态系统结构

注：滴滴出行企业生态系统的政治因素（$\sum_A$）、经济因素（$\sum_B$）、文化因素（$\sum_C$）、科技因素（$\sum_D$）、自然资源因素（$\sum_E$）、人力资源因素（$\sum_F$）。

资料来源：根据 CNNIC 的《2015 年中国专车市场统计调查报告》整理。下同。

在以滴滴出行为互联网平台核心形成的企业生态系统中，包括核心生态系统、扩展生态系统和完整生态系统三个层次。在核心生态系统中，滴滴出行提供整合平台和关键的技术创新基础解决方案；作为信息中介的互联网公司一方面保证了司机与乘客之间的连接，另一方面通过大数据、信用评价体系以及信用支付手段为企业生态系统的正常运行提供支持。扩展生态系统中有三种形式的运输服务，一是通过客运/汽车租赁公司将运输服务提供给顾客；二是客运/租赁公司基于互联网信息中介公司的信息服务开展运输服务；三是互联网出行平台与客运/汽车租赁公司/私家车主通过雇用合同的约束，自发地为顾客提供信息服务和运输服务，与出行平台合作的支付机构给予支付功能辅助。完整生态系统中还包括了公路基础设施建设行业提供基础设施保障、石化业提供燃料以及汽车制造业提供汽车产品保障等（CNNIC[①]，2015）。

（二）腾讯微信及其企业生态系统

微信（WeChat）是一款即时通信应用程序，深圳腾讯控股有限公司 2010 年 10 月启动策划，并由广州研发中心打造，2011 年正式推出。截至 2015 年第一季度，90% 以上的中国智能手机被微信覆盖，超过200 个国家或地区的用户在使用微信，每月有 5.49 亿活跃用户。2014年 8 月，微信支付公开宣布"微信智慧生活"整体解决方案，以"微信公众号 + 微信支付"为核心，助力传统行业在微信平台上移植原有的商业模式。微信奠定了腾讯在移动互联网领域的核心地位。截至2019 年，微信的企业生态圈中已经有超过 1.7 万家企业加入，企业微信已经对接了 13 类共 231 个 API 接口，超过 450 万个应用系统被接入

---

① "CNNIC"是中国互联网络信息中心（China Internet Network Information Center）的简称，它是经国家主管部门批准，于 1997 年 6 月 3 日组建的管理和服务机构，行使国家互联网络信息中心的职责。

企业微信，构成了强大的微信生态。图 3 – 3 即显示了腾讯微信的企业生态系统。

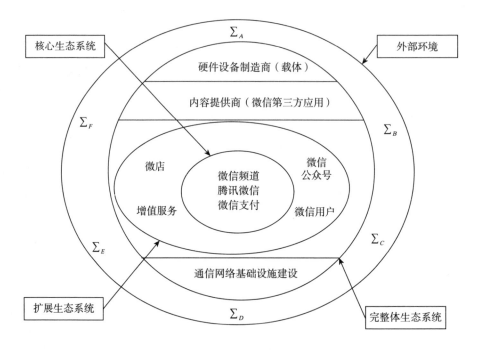

图 3 – 3 腾讯微信企业生态系统结构

注：腾讯微信企业生态系统的政治因素（$\sum_A$）、经济因素（$\sum_B$）、文化因素（$\sum_C$）、科技因素（$\sum_D$）、自然资源因素（$\sum_E$）、人力资源因素（$\sum_F$）。

微信创始人张小龙在微信公开课中指出，微信搭建开放的企业生态系统，培育一个环境让利益相关者群体犹如森林里的动植物一般基于微信自由生长。核心生态系统由微信及其开发的一些推广频道和微信支付功能组成，比如游戏频道等。微信通过产品迭代已经从微信 2.0（添加语音功能）逐步发展到微信 3.0（添加摇一摇功能）、微信 4.0（添加微信公众平台）至微信 6.0（添加短视频功能）。微信支付提供的是一种便捷消费的功能，通过为商家提供付费接口构建微信离线商务模式。扩展生态系统由四个部分组成，分别为微信公众号、微店、增值服务以及微信用户。用户可以通过关注某些公众账号实现查天气、查路况、查快递、订酒店等众多生活服务功能。自微信推出公众号以来，吸引了很多的企业、个人、自媒体加入微信平台，扩展了微信生态系统的范围。增值服务的推广，使得微信生态圈连接了一些为生活服务的提供商。微信生态系统具有生物原始的成长属性，并正在不断完善和快速发展。

（三）百视通及其企业生态系统

百视通（BesTV）全称百视通新媒体股份有限公司，由上海文广新闻传媒集团（SMG）和清华同方合资组建。该公司目前主营 IPTV 业务、在线视频业务、家庭主机游戏业务、手机电视业务以及新媒体广告业务。2013 年，在公司管理层带领下，百视通扩大规模，继续做大新媒体的"四屏"① 主营业务。同时，为了在新媒体行业保持领跑地位，百视通进军新的业务领域——家庭游戏娱乐，大力拓展智能电视和互联网产业链。2013 年，在"新媒体平台总流量"和"电视新媒体收看累计时长"的排名中百视通始终位居国内第一。2014 年，百视通公司进行换股，吸收合并上海东方明珠（集团）股份有限公司及发行股份和支付现金购买资产并募集配套资金实现重大资产重组。图 3 - 4 即显示了百视通的企业生态系统。

核心生态系统包括百视通以及控股公司风行网络和艾德思奇。2012 年 3 月，百视通投资互联网企业风行网络，至 2013 年 8 月公司对其持股超过 54%。公司完成对风行网的控股后，逐步推进内容、技术等方面的协同和资源共享以促进公司视频网络产业的长足发展。2015 年百视通与华谊兄弟实施战略合作，借助 BestTV 互联网电视平台打造境内第一款电

---

① "四屏"：电视、PC、手机、Pad。

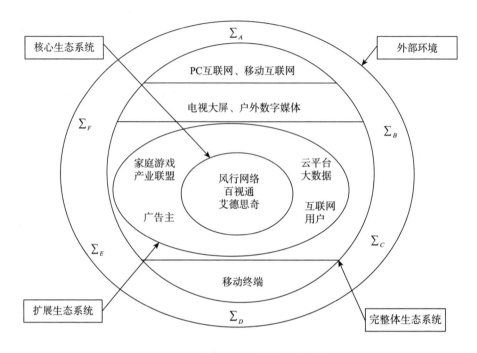

图 3 - 4　百视通企业生态系统结构

注：百视通企业生态系统的政治因素（$\sum_A$）、经济因素（$\sum_B$）、文化因素（$\sum_C$）、科技因素（$\sum_D$）、自然资源因素（$\sum_E$）、人力资源因素（$\sum_F$）。

视端互动产品，百视通互联网电视成为一个开放合作平台，从而为更多的合作伙伴提供实现互联网创新的平台生态系统。

截至 2014 年底，约 3500 万用户每天活跃于风行 PC 和移动端，其中移动用户同比增长率约为 90％。2014 年 8 月，百视通收购北京艾德思奇 51％的股权，进一步提升大数据分析、互联网广告、数字营销的核心技术能力，进一步拓展互联网广告与投放平台。扩展生态系统包含家庭游戏产业联盟、广告主和云平台等。其中云平台为上市公司的业务经营提供大数据，并完成数据的收集和分析，它将为新上市公司所有内容的集成分发、业务运营、渠道和服务提供可靠的技术支撑平台。同时，拥有新媒体云与大数据平台，为数百家品牌广告主和 2000 多家效果广告主服务，可以实现新媒体广告与数字营销的集约化、规模化经营。2014 年，国内第一个"家庭游戏产业联盟"成立，由百视通牵头，聚集巨人网络、完美世界、联众等 10 多家知名游戏企业。重组后的上市公司依托风行网、IPTV、户外移动等新媒体展开多渠道、多平台的广告运营，覆盖数亿级的海量用户，拥有电视大屏、PC 互联网、移动互联网、户外数字媒体广告平台与数字营销等核心技术，并努力构筑"互联网媒体生态系统"。2018 年 6 月，百视通副总裁出席"视听平台新商业模式"并发表了《智慧运营，构建家庭大屏新生态》的主题演讲。凭借 OPG 赋能，通过智慧运营，百视通与母公司东方明珠之间进行了有效的连接，并实现与各产业合作伙伴构建大屏新生态，从而为用户提供了"文娱 +"多元生态的内容与服务。

（四）海尔及其企业生态系统

早在 2006 年，海尔就明确了海尔 U - home 战略，意在让用户享受"无处不在的家"，确立信息化时代的战略优势。海尔智能家居是海尔集团在信息网络化时代发展的一个业务单元，并逐步成立了海尔智能家居公司，研发和制造智能化产品并且提供智能家居的增值服务和技术解决方案。海尔"U +"正是 U - home 之下的智能家居开放平台，它包括四个部分：互联互通的模块、SDK 软件、互联互通的控制中心、云平台。以海尔"U +"云平台为基础，各大软件提供商、硬件提供商、内容提供商通过互联互通的交互入口，为用户提供个性定制的智慧家居、美食、安全、健康等生态圈服务。图 3 - 5 即显示了海尔"U +"的企业生态系统。

海尔"U +"开放平台通过提供智慧家居场景的一站式解决方案，使各种智能硬件融入并共同构建智能化家居生态系统。"U +"也称作"U +"产业联盟，其全名是"中国智能数字家电产业技术创新战略联盟"，其宗旨是通过制定智慧家庭领域的数据共享和互联互通的行业标

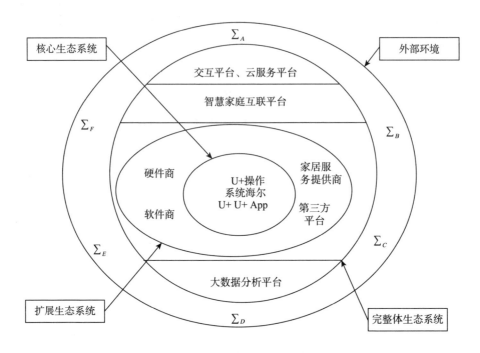

图 3 – 5 海尔 "U +" 企业生态系统结构

注：海尔 "U +" 企业生态系统的政治因素（$\sum_A$）、经济因素（$\sum_B$）、文化因素（$\sum_C$）、科技因素（$\sum_D$）、自然资源因素（$\sum_E$）、人力资源因素（$\sum_F$）。

准，从而为用户和合作商提供智慧家居一站式的解决方案。总体而言，"U +" 平台包含技术和资源两个方面。就技术层面而言，交互平台、互联平台、云服务平台以及大数据分析平台成为 "U +" 智能生态圈的技术基础。资源平台是通过吸引外部更多的硬件提供商、软件提供商和内容提供商一起构建 "U +" 企业生态系统。

二 特征要素维度的案例数据

本章从多种渠道和来源搜集与研究主题相关的数据，主要有二手资料、直接观察、深度访谈。第一，二手资料搜集，其中包含公司年报和财务报表、案例企业的官方网站信息、企业高层的公开演讲和专访、企业高层的传记和回忆录、企业宣传视频和专题讲座、媒体报道、研究性质的文献等。第二,直接观察,也包含了多种形式比如参观企业的展览馆以期了解企业文化和企业的历史发展进程、参加与企业相关的市场宣传活动、接触企业分级市场的供应商及消费者了解相关信息。第三,深度访谈,通过对已有的二手资料进行整理并结合研究主题编写访谈提纲,然后对样本企业的中高层管理人员进行访谈(每个案例企业寻找 2~3 位受访人员,每次采访控制在 45 分钟至 1 个小时,对于有些不便接受面对面采访的人员,经过沟通采取电话或视频访谈的形式)。

数据搜集的流程基本符合以下操作步骤:首先,明确开放性的研究议题,围绕研究问题搜集多种来源渠道的资料和数据;其次,对数据进行初步处理,按照初始编码形成概念化标签,编码成员在充分讨论和统一意见的基础上,对差异部分进行讨论分析,在充分沟通的基础上,对预分析不一致之处进行修正,形成正式的分析编码表;最后,对概念进行归类化处理,以寻求概念之间存在的关联,形成与研究问题密切相关的理论模型。

本章主要通过以下措施保证其信度和效度。①关于信度。本章节采用了扎根研究方法,依据 Strauss 和 Corbin (1997) 提出的程序化扎根方法。通过开放式译码、主轴译码和选择性译码对搜集到的数据进行挖掘,寻找到解释目标问题的范畴以及范畴之间的逻辑关联。借助 Nvivo 编码软件对搜集的多方数据进行整理,形成案例研究的数据库,保证可重复性研究的开展。②关于建构效度。根据 Yin (2003) 提出的案例研究的证据"三角矩阵",在搜集数据时采取多种形式的资料来源,比如访谈、直接观察、公司报表及新闻报道等,从而确保研究结果的建构效度。③在选取四个案例时,考虑了企业的性质(传统企业、互联网企业)、行业(互联网专车、互联网新媒体、智能家居、移动即时通信)、规模(初创企业、上市公司)等差异,从这些差异化的案例中归纳理论,从而保证了研究的外在效度。

第三节　特征要素维度的解析过程

一　扎根的开放式译码

根据前文叙述的开放式译码程序，本章对滴滴出行及其企业生态系统案例、腾讯微信及其企业生态系统案例、百视通及其企业生态系统案例和海尔"U＋"及其企业生态系统案例进行了开放式译码。第一个步骤，是在搜集到的资料中，围绕"企业生态系统特征要素"标记若干相关词句，进行初始提炼并在其译码前添加前缀符号"a"，从而得到 95 个概念节点。第二个步骤，是将"贴标签"的初始概念按照其描述的现象进行归类，将概念节点归类在相同的树节点之下并在得到的"概念化"译码前面添加前缀符号"A"，从而获得 15 个树节点。第三个步骤，是将 15 个树节点按照表达相似现象进行聚类，从而形成 6 个新的树节点即"范畴化"并在其前面添加前缀"AA"。经过编码处理，最终获得描述"企业生态系统特征要素"的 95 个标签、15 个概念和 6 个范畴。

表 3－1 描述了滴滴出行及其企业生态系统案例的开放式译码结果，通过对原始数据的简化提炼，得到了"商业环境""产业成长""行业发展闭环""用户资源""满足顾客需求""核心治理""生态体系""政府角色""推广机制"等 23 个标签。这 23 个标签归属于"生命周期阶段""愿景和驱动力""合作机制"等 15 个概念，最终归类于环境要素、竞合要素、成员要素、运行要素、创新要素和演化要素这 6 个主范畴。

表 3 - 1　滴滴出行企业生态系统特征要素开放式译码

范畴化	原始数据	贴标签	概念化
AA1 环境要素	中国政府提出"互联网 +"政策并有条件地放开互联网专车市场	a1 商业环境	A1 生命周期 阶段
	在互联网商业环境下,由于多种因素的综合驱动,互联网打车和专车服务市场得到快速发展,同时该行业利益冲突正在浮现	a2 产业成长	
	滴滴的 CEO 程维认为,滴滴出行将在 2016 年提供垂直服务	a3 行业发展闭环	A2 愿景和 驱动力
	滴滴出行 2015 年的注册用户已经超过 2.5 亿人,并且全年订单超过 14.3 亿	a4 用户资源	
AA2 竞合要素	随着个人消费水平的提升和网民规模的迅速扩大,拥有良好体验的专车服务成为顾客需求	a5 满足顾客需求	A3 合作机制
	核心竞争力是基于需求、体验和设计的	a6 核心治理	A4 治理系统
AA3 成员要素	构建立体智能化交通出行生态体系成为滴滴出行的愿景	a7 生态体系	A5 结构
	交通运管部门批准已经取得运营资质的车辆通过互联网出行平台运营,然而各个城市的具体执法情况千差万别	a8 政府角色	
	滴滴采取补贴的方式培育市场,程维表示"补贴永远都会有";2016 年也在联合北汽、上汽和比亚迪推出电动出租车业务	a9 推广机制	A6 基础设施
	以滴滴为平台核心的企业生态系统,包括了上游的汽车制造商、石化业,中游的汽车租赁公司和私人轿车车主,下游的互联网信息中介和支付机构平台	a10 利基参与者	
AA4 运行要素	以订单免单、补贴司机以及红包补贴等方式	a11 补贴方式	A7 模式
	滴滴出租车是在出租车上安装滴滴打车软件,支付端则与腾讯公司的微信支付绑定,滴滴专车是与中高端私家车车主签订协议并接受培训	a12 多方合作共赢	A8 外部关系
AA5 创新要素	滴滴还将联合腾讯、联想、华硕、戴尔、京东等上百家企业展开跨界合作	a13 跨界合作	A9 沟通顺畅
	2015 年"滴滴快的"大数据移动智能出行平台"苍穹"上线,它是一个公开、开放、透明的大数据平台	a14 大数据支撑	
	在一个全新的领域和一个运营难度极大的产品逻辑下完成了对市场的教育和产品的打磨	a15 平台培育	A10 整合和 协同能力

范畴化	原始数据	贴标签	概念化
AA5 创新要素	2015年6月，推出顺风车业务；2015年7月，推出代驾、巴士业务；滴滴的产品不断基于用户体验和反馈进行迭代	a16 体验和迭代	A11 创新和学习能力
	滴滴的 V2.0 开启微信支付功能，也可以使用支付宝的支付方式	a17 创新支付方式	
	滴滴已从出租车打车软件成长为涵盖出租车、专车、快车、顺风车、代驾及大巴等多项业务在内的一站式出行平台	a18 一站式服务	A12 适应机动能力
	根据艾瑞咨询的研究报告，2015年全年滴滴专车（快车）用户市场占比达88.4%	a19 适应市场	
	互联网出行平台与传统汽车产业相互结合，构建了一个互联网生态系统	a20 互联网生态	A13 互补创造能力
	滴滴出行关注的是由各个产业链组成的商业生态中利益共同体实现价值共创和利益共享并且达到共赢	a20 价值创造	
AA6 演化要素	滴滴出行全平台涵盖了出租车、专车、快车、顺风车、代驾、巴士、试驾、企业版等多种业务形式	a21 全覆盖	A14 平台模式变迁
	通过运营层面的补贴培养起了一批用户使用专车的习惯	a22 模式创新	
	支持所有企业在自有平台接入滴滴打车服务	a23 互动平台	A15 互动模式变迁

表3-2描述了腾讯微信及其企业生态系统案例的开放式译码结果，通过对原始数据的简化提炼，得到了"良性系统""领先的互联网平台""快速行业增长""强大用户资源""合作共赢""自组织治理""用户机会"等24个标签，这24个标签归属于"生命周期阶段""愿景和驱动力""合作机制"等15个概念，最终归类于环境要素、竞合要素、成员要素、运行要素、创新要素和演化要素这6个主范畴。

表 3 – 2　腾讯微信企业生态系统特征要素开放式译码

要素维度	原始数据	概念化	范畴化
AA1 环境要素	微信在不断尝试构建良性的企业生态系统	a24 良性系统	A1 生命周期 阶段
	微信正成为中国第一款世界级互联网产品	a25 领先的互联网平台	
	创新整合关系链使用户数量增长	a26 快速行业增长	A2 愿景和 驱动力
	微信月活跃用户量达 6.5 亿	a27 强大用户资源	
AA2 竞合要素	微信与开发者是合作共赢的关系	a28 合作共赢	A3 合作机制
	一个自发的、"无须被控制"的生态系统是微信发展的愿景，在这个稳定的生态系统中，服务提供方、微信平台及用户均能自由发挥所长，良性发展	a29 自组织治理	A4 治理系统
AA3 成员要素	拥有超过 6 亿的用户给微信带来了巨大的商机	a30 用户机会	A5 结构
	商家店铺、基础交易系统、第三方服务商、微信广告、微信支付、大数据均已成为微信生态系统成员链条的一部分	a31 生态链	
	在微信生态圈内的使用者，即个人或商家在微信平台的盈利模式，主要依靠对微信公众平台的开发	a32 平台开发	A6 基础设施
	微信开发者通过释放自定义菜单、微信支付、模板消息等基础能力开放微信平台	a33 平台释放	
AA4 运行要素	开发者在整个微信生态中已经扮演了一个非常重要的角色	a34 配合	A7 模式
	大数据、应用分发和交易闭环这三件事才是微信该做的，其他方面的事情，微信可以和开发者一起合作	a35 合作共赢闭环	A8 外部关系
AA5 创新要素	利用微信平台沉淀和积累的数据，微信可以分析大数据所蕴含的信息	a36 大数据分析	A9 沟通顺畅
	第三方服务商可以从微信平台获得商家交易的数据，微信还把管理用户粉丝的事项和基础交易系统交给第三方服务商	a37 利益共享	
	微信已具备形成闭合 O2O 模式的基础，比如它可以通过二维码连通线下和线上，可以实现 GPS 定位服务，拥有海量的用户，并有移动属性	a38 O2O 整合	A10 整合和 协同能力
	微信想要达到的是"连接一切"的开放，这更是一种学习能力	a39 开放式学习	A11 创新和 学习能力
	微信对用户所发布的信息是既公开又封闭，这种介于公开和私密之间的处理方式，让用户更加信赖微信	a40 "公开 + 封闭"模式	

续表

要素维度	原始数据	概念化	范畴化
AA5 创新要素	微信将公众号按客户类型进行细分并推送精准的信息，用户可以有选择性地自主添加公众号	a41 顾客细分管理	A12 适应机动能力
	为了适应网上交易的逐步发展，微信于2013年增添了微信支付、微信红包等功能	a42 功能更新	
	有超过1000家的大大小小不同的第三方服务平台都在利用微信公众平台	a43 第三方平台	A13 互补创造能力
	微信第三方服务向个性化、垂直化、服务化发展	a44 "三化"	
AA6 演化要素	微信生态圈指的是微信通过整合第三方应用、公众平台与微信好友关系链而形成的一种生活方式	a45 开放性整合	A14 平台模式变迁
	实体企业与商户通过微信公众号实现与客户之间虚拟线上的关联，已经接近于O2O模式——线上渠道与线下渠道相结合的交易模式	a46 O2O 交易模式	
	微盟已经将平台开发，可以定制和开发微盟平台未能满足你需求的功能	a47 定制开发	A15 互动模式变迁

表3-3描述了百视通及其企业生态系统案例的开放式译码结果，通过对原始数据的简化提炼，得到了"家庭娱乐产业转型""传统电视行业转型""新媒体引领者""电视内容资源""并购""循环治理机制"等24个标签，这24个标签归属于"生命周期阶段""愿景和驱动力""合作机制"等15个概念，最终归类于环境要素、竞合要素、成员要素、运行要素、创新要素和演化要素这6个主范畴。

表3-3 百视通企业生态系统特征要素开放式译码

要素维度	原始数据	概念化	范畴化
AA1 环境要素	百视通通过技术重塑娱乐，使受互联网冲击而一度冷清的客厅重新焕发活力	a48 家庭娱乐产业转型	A1 生命周期阶段
	"家庭娱乐产业生态圈"的概念由百视通提出，并通过融合传统电视与互联网得以实现	a49 传统电视行业转型	
	百视通以客户体验至上为宗旨，不断创新融合，引领着新媒体的发展，具有前瞻性	a50 新媒体引领者	A2 愿景和驱动力
	百视通的内容总量已达45万小时，资源更是丰富多彩，在行业内可谓一枝独秀	a51 电视内容资源	

续表

要素维度	原始数据	概念化	范畴化
AA2 竞合要素	2012 年 3 月，百视通投资互联网企业“风行网络”；2014 年 8 月，百视通收购北京艾德思奇 51% 的股权	a52 并购	A3 合作机制
	“1＋6”形成了百视通业务生态体系的循环机制	a53 循环治理机制	A4 治理系统
AA3 成员要素	所有的资金都会聚焦于内容和服务	a54 内容服务	A5 结构
	百视通做了 10 年 IPTV，已经打造了全行业最强大、最丰富的正版内容库	a55 行业核心企业	
	百视通构建的生态圈将包括内容、“平台＋渠道”以及服务	a56 “平台＋渠道＋服务”板块	A6 基础设施
	百视通流量变现的服务支撑在于广告、电商和文化娱乐旅游三个方面	a57 服务支撑	
AA4 运行要素	百视通既与传统的数据公司合作也联合数字电视的专业数据公司，如手秒针、CTR、新生代等	a58 跨界合作	A7 模式
	百视通通过技术对接内容，整合 OTT（指基于开放互联网的视频服务）、IPTV（交互式网络电视）和手机电视方面的媒体	a59 媒体整合	A8 外部关系
AA5 创新要素	百视通的业务生态体系呈现“1＋6”的结构	a60 业务生态体系	A9 沟通顺畅
	百视通目前已设立互联网电视、云平台与大数据、主机游戏、电信渠道、网络视频五个事业群	a61 信息共享	
	“互联网企业运营效率的支撑，就是云平台的支撑”	a62 “云”平台嵌入	A10 整合和协同能力
	以强大的内容资源为主导，辐射电视、PC、移动各端，率先打造跨媒体、广覆盖的多屏传播平台	a63 多屏传播	A11 创新和学习能力
	兆驰股份、百视通、青岛海尔三方“联姻”，剑指互联网电视终端	a64 占领终端	
	用户可以通过百视通提供的“iBestv”和“uBe-stv”微信服务号，享受个性化的服务	a65 个性化体验	A12 适应机动能力
	在媒体融合的大背景下，传统广电进军视听新媒体并与之融合发展是其实现战略转型的必然选择	a66 媒介融合	
	“大创意＋大数据”的全媒体战略	a67 全媒体	A13 互补创造能力
	通信、互联网和传媒三个板块的产业边界开始消融	a68 互补者认知	

要素维度	原始数据	概念化	范畴化
AA6 演化要素	把公司所有的资源通过内容、渠道、服务重组整合后，能发挥各个层面的优势，实现生态效应	a69 生态效应	A14 平台模式变迁
	"IPTV + 电视 + 户外媒体 + PC + 移动终端"的全媒体运行	a70 全媒体运营模式	
	"电视新看法"是百视通倡导的，希望改变用户看电视的传统模式，该理念在其经营 IPTV 时便已经提出	a71 创新观看模式	A15 互动模式变迁

表 3 - 4 描述了海尔"U +"及其企业生态系统案例的开放式译码结果，通过对原始数据的简化提炼，得到了"互联网环境""产业成熟度""行业发展趋势""现有资源""开放合作""治理机制""生态活力"等 25 个标签，这 25 个标签归属于"生命周期阶段""愿景和驱动力""合作机制"等 15 个概念，最终归类于环境要素、竞合要素、成员要素、运行要素、创新要素和演化要素这 6 个主范畴。

表 3 - 4　海尔"U +"企业生态系统特征要素开放式译码

要素维度	原始数据	概念化	范畴化
AA1 环境要素	移动互联网、物联网、大数据、云平台等技术的快速发展正从前端到后台全方位地影响着企业的运营模式	a72 互联网环境	A1 生命周期阶段
	2015 年上半年国内家电行业延续 2014 年下半年的下行趋势	a73 产业成熟度	
	推动行业发展方向由原来的规模扩张转向效率驱动，并推进行业盈利模式由单一硬件销售收入到"硬件 + 内容 + 服务"的多元化收入演变	a74 行业发展趋势	A2 愿景和驱动力
	自海尔"U + App"2015 年 4 月上线以来，已有超 300 万用户注册，智慧生活的统一入口也得以建立	a75 现有资源	
AA2 竞合要素	交互平台的开放，不仅实现了资源的共享，也吸引了全球一流的资源，从而不断升级产品结构，保持竞争优势	a76 开放合作	A3 合作机制
	依托"U +"智慧生活平台，加快产品网器化进程	a77 治理机制	A4 治理系统

续表

要素维度	原始数据	概念化	范畴化
AA3 成员要素	生态无论是从结构还是运行因素看都是比较有活力的,企业生态更为完整	a78 生态活力	A5 结构
	在智能家居、人工智能、生态圈建设等方面分别与苹果、微软、魅族等公司合作,已经有78家第三方资源被引进	a79 关键角色	
	为了搭建生态圈,海尔"U+"扮演了"底层基础设施搭建者"角色,在开发者生态上也做足了功课	a80 基础设施搭建	A6 基础设施
	2015 年 8 月 12 日,海尔和华为形成战略伙伴关系,双方就移动智能终端与家电互动、智能路由与模块、通信互联的标准与协议、云平台对接与数据共享、渠道及品牌建设等内容签署了正式协议	a81 支持角色	
AA4 运行要素	海尔"U+"现已接入餐饮、景区、商场、电影院、酒店和用车等服务,基本实现覆盖出行前、中、后三个阶段的 O2O 服务体系	a82 核心企业与合作伙伴的方式	A7 模式
	海尔"U+"从几方面切入,与大众点评合作在线订餐,与滴滴合作打车,与携程合作预订酒店	a83 其他伙伴的行为和关联	A8 外部关系
AA5 创新要素	海尔"U+"早在 2010 年就宣布免费开放 API	a84 平台共享	A9 沟通顺畅
	通过实施智能 iMES 可集成制造执行系统、数字化系统,自动收集并智能分析生产过程中的产品、设备、质量等信息数据	a85 智能分析	
	海尔为了互联不同品牌和种类的智慧家电,嵌入不同的平台,联合"U+"云服务平台、"U+"智慧家庭互联平台和"U+"大数据分析平台,并建立统一的标准	a86 平台嵌入	A10 整合和协同能力
	公司积极推进美食、空气、洗护、用水等生态圈建设,初步形成"智能家电+智能硬件+软件+服务"的产品形态	a87 开发产品的灵活性	A11 创新和学习能力
	构建"智能家电+智能硬件+软件+服务"的产品形态	a88 创新方式	
	实现支持 9 个平台、500 多个型号的柔性大规模定制,快速满足用户的个性化需求	a89 个性体验	A12 适应机动能力
	互联互通,群策群力,共建良好生态圈,提高软件与硬件结合的科学性,服务好消费者	a90 适应	
	接入"U+"平台,联合打造智能家居的新版图	a91 互补者定位	A13 互补创造能力
	多数企业各自为政,缺乏行业之间的沟通	a92 互补者认知	

续表

要素维度	原始数据	概念化	范畴化
AA6 演化要素	"U+"智慧生活平台必将越来越开放，成为各利益相关方互联互通、共创共赢的生态平台	a93 开放性增强	A14 平台 模式变迁
	推进"U+"智慧生活生态圈建设，探索"硬件+软件+服务"的运营模式	a94 模式变化	
	海尔"U+"智慧生活平台从最早的连接控制到互联感知再到现在的思考交互	a95 互动方式改变	A15 互动 模式变迁

二　扎根的主轴译码

程序编码过程中的主轴译码的目标是联结开放式译码过程中得到的范畴和主范畴，使其符合一定的因果逻辑关系。比如，开放式译码过程中形成的"生命周期阶段"和"愿景和驱动力"范畴与"环境要素"主范畴之间的联系，可以按照逻辑关系整合成这样的"轴线"：由于行业竞争和技术更迭等导致的企业外部"环境变迁"，创新型企业在企业"愿景驱动"下，通过提供创新技术的解决方案吸引其他企业加入，推动了企业生态系统形成"生命周期"。再比如，开放式编码中形成的"模式"和"外部关系"范畴与"运行要素"的逻辑"轴线"：随着企业生态系统规模的壮大，核心企业通过商业"模式"的创新，通过驱动共同创新处理与其他成员的"外部关系"，从而维护了系统"运行"的健康性和进一步演化。通过主轴译码这一过程，可以将15个范畴归纳到6个主范畴中，见表3-5。

三　扎根的选择性译码

选择性译码的核心理念是将通开放式译码和主轴译码得出的所有范畴进行综合分析，并在分析过程中构建理论模型。根据得到的6个主范畴与企业生态系统现有理论进行比较分析，我们发现："环境要素"可归

表 3 - 5　企业生态系统特征要素的主范畴

项目	环境要素	竞合要素	成员要素	运行要素	创新要素	演化要素
因果条件	a1, a2, a3, a4, a5, a24, a25, a26, a27, a50, a51, a48, a49, a72, a73, a74, a75	a5, a6, a28, a29, a52, a53, a76, a77	a7, a8, a9, a10, a30, a31, a32, a33, a54, a55, a56, a57, a78, a79, a80, a81	a11, a12, a34, a35, a58, a59, a82, a83	a13, a14, a15, a16, a17, a18, a19, a20, a36, a37, a38, a39, a40, a41, a42, a43, a44, a60, a61, a62, a63, a64, a65, a66, a67, a68, a84, a85, a86, a87, a88, a90, a91, a92	a21, a22, a23, a45, a46, a47, a70, a71, a93, a94, a95
现象	传统行业发展受到互联网等技术发展趋势的影响和冲击	互联网平台企业与来自传统行业和其他行业的企业进行联合	平台型企业、互补型企业、合作型企业、其他合作组织	平台型企业搭建基础设施和技术创新支撑；其他合作企业提供互补型服务	提供技术创新平台研发和保障，适应外部环境的变迁和行业的技术发展需求	改变传统的商业模式，实现盈利和创新，多方合作共赢合作生态圈
中介条件	A1 生命周期 A2 愿景驱动	A3 合作机制 A4 治理系统	A5 结构 A6 基础设施	A7 模式 A8 外部关系	A9 沟通顺畅 A10 整合协同能力 A11 创新学习能力 A12 适应能力 A13 互补创造能力	A14 平台模式变迁 A15 互动模式变迁
行动策略	适应	竞合	生态系统	共同演化	创新能力	模式变化
结果	适应环境变化、挑战战略	跨产业进行合作实现共赢	形成基于技术和平台的生态圈	核心企业驱动、互补企业支撑的良性系统	通过技术创新培养创新能力和学习能力	改变传统商业模式，实现创新模式的转型

类于"环境变迁",体现企业生态系统是在外部商业环境变迁的压力下滋生蔓延的;"成员要素"、"创新要素"和"竞合要素"可归类于"系统构建"这一主范畴,体现企业生态系统的成员企业通过竞合方式组合在一起提升创新能力;"运行要素"和"演化要素"则归类于"生态发展",体现企业生态系统在成员企业自组织形式下维系了系统的正常运行并推动系统沿着生命周期的阶段健康发展(见图3-6)。

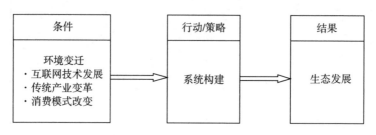

图3-6 核心范畴的范式模型

因此,本章通过核心范畴及其相互关联度来简要概述案例所呈现的"故事线"。本章得到的故事线(以滴滴出行为例):互联网商业环境变迁冲击传统的打车服务市场,围绕滴滴出行互联网出行平台聚集了不同类型的系统成员(出租车、专车、巴士、代驾人员等),以竞争合作的方式联系在一起推动传统出行方式的创新,实现价值共创和利益分享,促进了互联网专车生态圈的演化和发展。其他三个案例企业的故事线如表3-6所示。

第四节　特征要素维度的模型构建

依据前文所述,将企业生态系统"特征要素"模型绘制成图3-8,模型包含了企业生态系统六个主要的特征要素:一是企业生态系统的"环境要素";二是企业生态系统的"成员要素";三是企业生态系统的"竞合要素";四是企业生态系统的"创新要素";五是企业生态系统的"运行要素";六是企业生态系统的"演化要素"。接下来,本章将结合扎

表3-6　程序编码结果分析

案例企业	环境要素	成员要素	竞变要素	创新要素	运行要素	演化要素
滴滴出行	互联网打车、专车服务市场迅猛发展;行业利益冲突正在进一步加大	滴滴出行平台;支付机构;私家车主、互联网信息中介、用户等	与交通工具拥有者进行合作,以自组织方式鼓励消费者使用	互联网出行平台与传统汽车产业结合,发展成一个共生的互联网生态	订单免单、补贴司机以及红包等方式,展开跨界合作	传统的出租车行业向O2O模式变化
腾讯微信	对互联网时代QQ应用的更新升级、扩展了QQ的功能、与物联网相联通	微信、微店、微信公众号、微信用户、硬件制造、内容提供商	更多的使用微信合作者将微信,作为一个平台进行生活内容的交流和业务的商谈	微信所开创的"既公开又封闭"的信息发布方式	封闭的平台向更加开放的创新生态圈转换	从现有的产品开始进行更新,从而创造一个新的创新生态
百视通	强化互联网电视内容提供商与顾客之间的互动	百视通、风行网络、云平台、广告主、产业联盟等	积极参与第三方合作,向顾客开放互联网电视内容端口	电视的开放平台,整合更多的服务,内容提供和第三方开发者	互联网电视平台,整合创新生态系统中的多方合作商	从单边到多边的沟通交互
海尔U+	移动互联网、物联网、大数据、云平台等技术的快速发展,正从前端到后端全方位地影响着企业运营模式	海尔U+、硬件商、软件商、家居服务提供商、第三方平台云服务平台	依托U+智慧生活平台,加快产品网器化进程	以U+智慧家庭互联网平台、U+云服务平台以及U+大数据分析平台为技术支撑,建立统一的智慧协议标准	U+智慧生活平台,成为互联网各利益相关方越来越开放,共创共赢的生态平台	推进U+智慧生活生态圈建设,探索"硬件+软件+服务"的运营模式

根研究所获得的结果与现阶段研究的理论成果对这六个特征要素进行剖析。

一 环境特征要素

通过对四个案例企业及其企业生态系统特征要素的扎根分析，发现围绕这些核心企业建立起来的企业生态系统面临的外部环境要素有其共同点。据此，本书认为这些相似点构成了企业生态系统的环境要素特征。Moore（1993，1996）和 Jablonka（2000）认为，在企业生态系统的生命周期演化过程中，系统成员与外部环境和顾客潜在需求的改变密切相关，并会随着环境的变化而演化发展。Rong 等（2013a）认为，一个复杂系统所处的环境，比如行业发展的驱动、突破传统产业的阻碍、影响新兴产业的关键技术发展等都会影响一个企业生态系统的萌芽和建立。本章所选取的四个案例企业具有不同的功能属性（互联网专车、移动即时通信、互联网新媒体、智能家居），企业类型也分为传统制造企业（海尔）和互联网企业（滴滴、微信、百视通），然而在围绕这些核心企业形成企业生态系统的过程中，企业外部的商业环境变迁均会产生影响。比如滴滴出行，其企业生态系统的出现源于以下方面。传统交通出行方式越来越无法满足智慧出行的顾客需求，随着移动互联网技术的发展和逐步成熟，以滴滴为代表的企业提供了高效的互联网出行平台，进而围绕这个平台利用互联网连接道路上的所有交通工具，产生分享经济。企业生态系统的形成不仅是企业迫于外部环境变化而做出的应急反应，同时也是企业自发地适应环境的预期行为。海尔集团早在 2006 年就提出海尔 U-home 概念，指出未来的家电产品不仅是家电产品，而且是一种"网器"，可以通过连接互联网实现智慧操作。作为传统制造企业的海尔预先感知了互联网带来的环境变化，积极主动地进行战略变革和互联网平台模式的转型，通过与其他企业的合作共赢建立智能家居生态系统。此过程是众多企业顺应外部商业环境变迁的一种自组织行为，环境要素成为企业生态系统的一个重要特征。

二　成员特征要素

企业生态系统是由利益相关的成员组成的松散复杂经济体，这些成员包括供应商、顾客、合作者、投资者、社会机构等（Moore，1993；Iansiti & Levien，2002、2004a），其中生态成员企业扮演着不同的角色，如核心企业、支配型企业、利基型企业等，共同维持生态系统的成长和演化（Peltoniemi，2004；Hartigh，2006）。有学者认为企业生态系统延伸了供应链网络的特征，基于网络构建的"结构—基础设施"模型，不论在公司层面的系统构造、公司间供应网络的结构还是全球供应网络基本结构，研究中都体现了一个网络系统成员结构的支撑作用。本章的四个案例企业及其企业生态系统的成员结构具有共同属性，即成员结构根据与核心平台企业之间关系的紧密程度分为核心生态系统成员、扩展生态系统成员以及完整生态系统成员三个层次。在滴滴出行企业生态系统中，核心生态系统包括滴滴出行的互联网平台、提供支付功能的支付机构以及互联网信息中介，其次由私家车主、汽车租赁公司等构成了扩展的生态系统进行利基型价值的创造，而在完整的企业生态系统中还应涵盖车辆的制造商提供的车辆服务以及公路基础设施建设提供的支撑性保障。由于企业生态系统是一个松散的复杂经济体，其成员构成也处于不断演化更新中，因此成员的组成没有一个明显的界限。比如在以腾讯微信为核心的企业生态系统中，微店和微信公众号以及各种增值服务提供商构成了扩展的企业生态系统，而其他的成员也随着环境的变迁和技术的更新以及顾客需求的变化而不断地加入或退出微信生态圈。就此而言，成员要素是企业生态系统的一个关键性特征并处于不断动态变化的状态中。

三　竞合特征要素

企业生态系统的成员是共系命运和共同进化的，成员之间在整体上相互适应，而并非遵循自然生态中"物竞天择，适者生存"的法则，因此成员之间是既竞争又合作的"竞合"关系，以实现"双赢"（Iansiti & Levien，2002；徐建彬，2009；邱屹峰，2009）。成员之间的竞合与双赢体现了成员之间为了达成共同战略目标而采取的互动机制（治理机制和合作机制）。通过对四个案例及其企业生态系统的研究发现，其成员之间并非像传统产业中企业之间的"零和博弈"或对抗竞争的关系（郭红卫、王竹园，2009），不再是顾客与供应商之间的简单线性关系，而是一种默契的协同发展关系，争夺市场利益的同时又体现跨边界的合作、相互依赖并共系命运（张运生，2008）。以百视通为例，2013 年 8 月百视通增加对互联网企业"风行网络"的持股比例，从而与其在内容服务和技术等领域实现资源共享和协同发展。2014 年 9 月百视通与合作伙伴微软公司合作打造"新一代家庭娱乐游戏机"（Xbox One 汉化国行版），并与该伙伴共同推进了"家庭游戏产业联盟"从而布局家庭游戏的产业生态。百事通完成了上市重组之后，联合巨人网络、久游、联众、第九城市等国内外知名游戏企业成立了"家庭游戏产业联盟"，共同拓展家庭娱乐市场和共建家庭娱乐生态链。企业生态系统有类似于自然生态系统的特征，如同生物一般，单个企业或组织无法独自生存，需要与其他成员相互依赖共图发展。竞合要素是企业生态系统的典型特征，也是其有别于其他网络形式（如产业集群、供应链、社会网络）的重要特征之一。

四　创新特征要素

企业生态系统中的成员企业在共享系统资源的过程中，依靠自身的核心能力对资源进行加工，从而促进创新能力和资源的产生（Barton，1992）。企业生态系统中的成员为了实现资源互补，发挥各自的创新优势，通过协同促进了整个系统的共同创新（Chesbrough，2006）。然而企业生态系统一方面会随着生命周期的演化而逐步失去创新活力，另一方面也会被外部环境中其他的创新机制所替代（Adner，2006）。因此企业生态系统维系持续创新的关键在于不断加强整个系统的机制创新，充分发挥每个成员的创新能力，维持整个系统的持续创新生命力。企业生态系统的创新因素主要涵盖了系统成员之间的协同和整合能力、学习和创新能力、共享和交流能力以及适应和重组能力。微信平台通过不断的技术创新和产品功能的更迭，持续扩展以微信平台为核心的企业生态系统。微信通过创新的内应用模式突破了原有的"网页 vs. 移动"的传统模式，通过添加微信的支付功能成为移动支付的入口，使微信用户、商家和银行机构联系在了一起。微信又通过添加公众号功能将许多企业通过微信端联系在一起，进一步扩展了企业生态系统的成员结构和规模。因此，创新要素是企业生态系统的又一关键特征要素。

五 运行特征要素

运行特征因素主要是指企业生态系统中合作伙伴的外部关系和系统内在的运行机制。根据一般的系统理论，仅仅构建因素和供养的过程并不能勾勒出一个完整的系统，决定一个系统不同配置模式的诱因在于系统的构建和整合的方式（Moore，1996、2006）。运行维度是从企业生态系统的结构设计、生产、内部物流和信息管理等角度描述一个复杂系统的内在运行机制以及成员互动对整个系统演化的贡献（Zhang & Gregory，2011）。企业生态系统是在应对外界复杂多变的环境条件下而形成的较为稳定且复杂的组织群落，它使传统产业的边界更加模糊，更加真实地体现了企业的生存环境和状况（胡斌和李旭芳，2013）。比如，简化为海尔与苹果、微软、华为等公司合作，形成"智能家电＋智能硬件＋软件＋服务"的模式。企业生态系统运行的目标是通过企业群体之间的共同协作实现不同组织间互惠互利、共生共荣，并最终保证企业生态系统朝着健康的方向持续运行（胡斌、李旭芳，2013）。在企业生态系统运行过程中，成员的战略行为选择、风险识别能力和治理决策体现了整体的运作机制，物质流、能量流和信息流共同决定系统的运行方式。因此，运行要素也是企业生态系统的重要特征要素之一。

六　演化特征要素

企业生态系统的演化发生在其生命周期的开拓期、拓展期、领导期和自更新期等各个阶段。当具有创业精神的企业家开始关注顾客需求，并计划提供创新的产品和服务为顾客服务，企业生态系统的开拓期便开始了。开拓期主要是围绕一颗"创新的种子"与顾客和供应商等共同合作，定义满足市场需求的新的价值主张（Moore，1993）。到了拓展期，企业生态系统的成长速度由诸多因素综合决定，比如核心产品、市场需求、替代品的竞争力以及顾客价值（刘友金和易秋平，2005；李湘桔、詹勇飞，2008）。领导期的主要特征是：各成员组织相互配合共同形成企业生态系统的自组织机制，经历了开拓期、拓展期、领导期的企业生态系统变得更加成熟而稳定，当然也面临着外部环境中新兴的生态系统和创新的威胁（张焱和张锐，2005）。以滴滴出行为例，围绕滴滴出行平台建立的企业生态系统经历了不断演化和发展的过程，从一款打车软件逐步涵盖了出租车、专车、快车、顺风车、代驾及大巴等多种多样的业务形态和成员类型，打通了O2O闭环，发展至今用户超2亿。2012年9月至2014年1月属于滴滴的探索积累期以及滴滴生态圈的开拓期，在此阶段滴滴整体的增速较为缓慢，主要是进行市场培育和探索并开拓市场和拓展用户。2014年2月至2014年9月属于滴滴的加速增长期，开启了微信

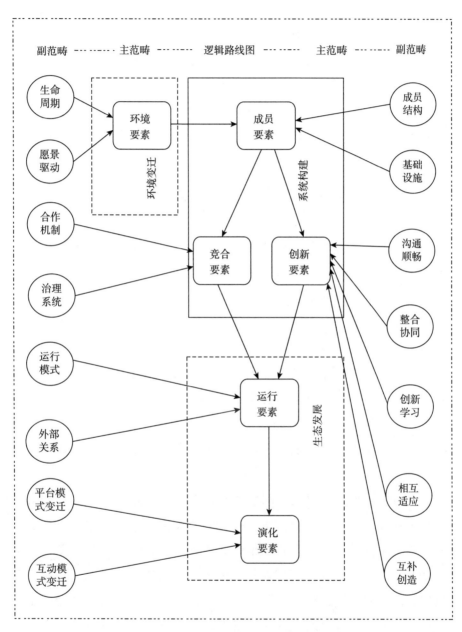

图 3 - 7　企业生态系统"特征要素"模型

支付功能，并在同类竞品中处于榜首地位。2015 年 2 月至今属于滴滴的业务多元化发展期，从而奠定了滴滴在企业生态系统中的核心领导者地位。在智能出行领域，滴滴企业版利用在此前 C 端积累的用户与出行行为数据优势，打造企业端"生态闭环"，争夺"智能出行"市场。演化要素体现了企业生态系统的动态变化过程，同时反映了生态系统发展的生命周期阶段，是其重要的特征要素。

第五节　特征要素维度的小结

企业生态系统有哪些重要的特征要素？现有文献虽涉及企业生态系统某一方面的特征描述，却缺乏整体统一的特征要素框架。本章以特征要素为突破口，整合了文献中对企业生态系统特征的相关描述和概念，采用了多案例扎根研究方法，对互联网经济时代涌现的企业生态系统特征进行系统分析。本章选取了三个互联网企业（滴滴出行、百事通、腾讯）和一个互联网转型的传统企业海尔作为分析对象，运用程序化扎根分析中的规范编码程序对案例企业进行解析，发现了"环境要素"、"成员要素"、"竞合要素"、"创新要素"、"运行要素"以及"演化要素" 6 个范畴及其内在的逻辑关联，由此构建了企业生态系统特征要素的理论模型。

研究表明，当互联网技术和物联网因素导致外部环境变迁，核心企业便通过提供关键技术解决方案，吸引多种类型成员自发组织形成企业生态系统，成员以竞合机制相互依赖和协同发展，实现共同创新，推进企业生态系统的有效运行并随着外部环境的变化和市场需求的满足，系统按照生命周期阶段进行不断演化发展。物联网催生了众多创新的企业生态系统，本章归纳的六个特征要素有助于判断某企业群落是否满足企业生态系统的共性特征。在互联网技术发展和物联网广泛应用的背景下，跨产业合作的企业共同组成了众多的复杂网络系统，然而企业生态系统松散耦合和自组织的特征使其有别于产业集群、供应链和社会网络等紧密耦合的规则化网络系统。物联网时代强调跨产业企业的协同合作，淡化单个企业的核心能力和竞争优势。本章通过扎根分析构建的企业生态系统"特征要素"模型有助于分辨物联网时代催生的企业生态系统，从而对现代企业融入或创建企业生态系统具有一定的借鉴价值和指导意义。

| 第四章 |

企业生态系统"结构要素"维度的多案例解析

本章为多案例研究，主要阐述本书研究理论模型中的"结构要素"维度（图4-1的阴影部分）。本章通过对腾讯、安卓、中国移动和小米科技这四个案例进行分析，研究企业生态系统的成员结构和战略类型。首先，介绍了多案例研究的现实背景（移动计算产业现状和面临的挑战）；其次，简述了多案例研究方法和样本选择，其中包括"三角矩阵"数据选取方法、四家案例企业介绍；再次，对移动计算企业生态系统的成员结构和战略类型进行分析；最后，论述了移动计算企业生态系统的环境不确定性、系统的自组织行为以及系统的成员角色和战略类型。

随着互联网的飞快发展和物联网技术的广泛应用，产业的结构变得高度动态化（Kenney & Pon, 2011）。企业需要采取有效的方式应对外界环境的变迁，跨产业间的联合在全球产业发展中成为一道独特的风景线（Helo, 2004）。这种跨产业的合作和联盟使得传统意义上的产业边界变得愈加模糊。互联网信息全球化以及物联网时代使得产业环境高度动态化，企业需要积极应对商业环境的不确定性（Kenney & Pon, 2011）。因此，本章将从企业生态系统视角以新兴的移动计算产业为背景，对这种跨产业合作的商业现象进行剖析。

计算技术中的研究热点便是"移动计算"，它是一个可以对未来产生

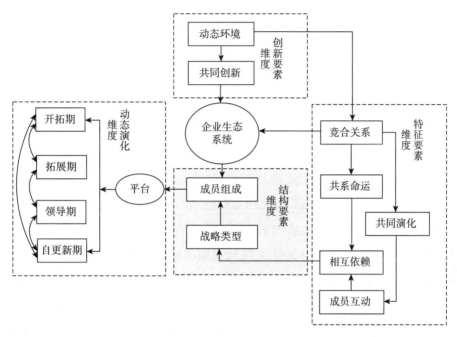

图 4 - 1　企业生态系统结构要素维度的理论模型（阴影部分）

深远影响，并具有涵盖广泛和多学科交叉特征的新兴技术。移动计算产业是移动手机产业和电子计算机产业跨界联合的产物。它主要源自这两大传统产业（移动手机产业和计算机产业）的企业协同合作、共同开发潜在的终端产品。它们希望通过联合维持各自的竞争优势，比如开发互联网的通道和设备、便捷的计算机终端、客户喜好的界面等。然而，移动计算产业的典型产品并未定型，技术创新和顾客偏好仍面临较大的不确定性（Hu et al.，2011；傅家骥，2006）。为了应对动态变化且未知的外部商业环境，两大阵营的企业形成共同的企业生态系统，并与整个系统网络中的组成成员进行竞争与合作（Moore，1996）。因此，本章要解决的问题是：移动计算企业生态系统中的成员结构是怎样的？成员在企业生态系统中扮演什么样的角色并实施何种战略？

第一节　结构要素维度的方法可行性

案例研究是指以某个案例或几个案例作为研究对象，对用多种方式搜集到的案例资料进行不断比较分析从而探索现实生活现象的一种实证研究方法（Yin，2003）。案例研究需要处理有待研究的变量比数据点还要多的特殊情况，因此在案例研究过程中有必要事先提出理论假设，以此提高资料搜集和分析的效率（Yin，2003）。案例研究方法通常适合回答"怎么样"或"为什么"类型的问题，在进行研究设计时需要明确几个核心点：研究的问题和提出的理论假设、案例研究的分析单元和案例选择以及搜集资料和理论假设之间的逻辑关联。从不同路径进行案例分析时，可以从两方面着手：一是，尝试在案例分析中建立理论的"现象驱动型"方法，采用该方法主要因为没有可行的理论用于研究；二是，在原有理论框架下建立理论模型的"理论驱动型"方法，它适用于探索和验证尚未成熟的理论（Gibbert et al.，2008）。

整个案例分析研究的过程可以分为五个步骤：研究方案设计、准备搜集资料、实施搜集资料、对案例的分析以及研究报告的撰写。案例研究方案的设计包括案例研究问题的确定、理论假设的提出（若有的话）、分析单元的界定、研究分析标准的设定。在案例研究资料搜集的准备过程中需要进行研究方案的拟定、研究案例的挑选。在搜集资料过程中需要注意资料来源的多元化，根据 Yin（2003）的介绍，资料来源主要有一手资料（访谈、直接观察、参与性观察）和二手资料（文献、文档、实物）。Eisenhardt（1989）指出跨案例分析一般有三种方式：第一，将研究的案例按照一定标准进行分类处理；第二，将研究案例进行配对；第三，将研究案例所体现的特征放在一起进行比较，从而确定研究重点。

本章是针对物联网背景下形成的企业生态系统的成员结构和战略类型的案例研究，在现有理论的基础上进行拓展，在验证已有理论的基础上实现突破，是一种对尚未成熟理论的探索验证，因此采用 Yin（2003）案例研究的五个步骤，如图 4 - 2 所示。

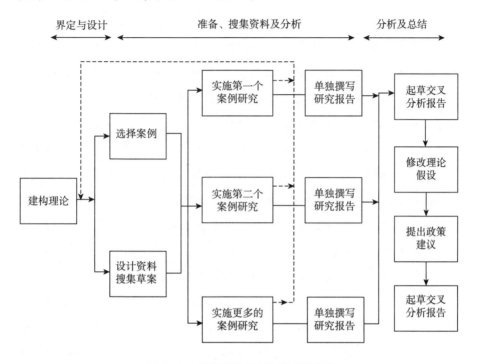

图 4 - 2　多案例研究方法的应用程序

资料来源：Yin, R. K. , *Case Study Research：Design and Methods*（Sage Publications Press，2003）.

第二节　结构要素维度的方案设计

一　企业生态系统的案例选择

每个生态就是创新的中心，PC 在企业生态中扮演重要角色长达 30 年，目前正在被移动生态和物联网生态所接管。移动是更为崭新的生态系统形式，在移动时代会有各种各样终端设备的连接和数据的沉淀。移动计算产业的终端设备有多种，包括硬件：基频处理器、应用处理器、电源管理和 RF 处理器；软件：操作系统和应用软件。移动计算产业是基于移动计算技术形成的企业生态系统，由传统的电子供应链衍生而来，这些成员相互兼容从而使合作成员之间频繁发生互动与合作关系。在传统的设计和制造成员结构的基础之上，许多软件和应用领域的成员加入企业生态系统中来，比如电子设备需要运行系统提供商（Operation System Vendor，OSV）和应用软件提供商（Independent Software Vendor，ISV）提供运行系统和应用软件。同时，电子设备也离不开内容提供商（Content Provider，CP）为其提供基于应用软件的相关内容服务。原始设计制造商（Original Design Manufacturers，ODMs）通常为终端客户提供整体的解决方案。一个行业领域内的标准化企业能够与合作伙伴协同作用，并制定未来的行业标准。

总之，单一的企业无法生产和制造终端设备，而需要企业生态系统中的所有成员企业共同合作完成。为了分析移动计算企业生态系统成员结构和战略类型，本章采取多案例研究方法，选择企业生态系统中关键的 4 家案例企业。每个企业都拥有不同形式的平台和合作伙伴网络，四家案例企业简介如下。

（一）扮演应用开发成员角色的腾讯微信

深圳市腾讯计算机系统有限公司（腾讯）成立于 1998 年，当时主要针对企业或单位的无线网络寻呼系统进行开发。1999 年腾讯公司开发即时通信服务（OICQ，后更名为 QQ），至 2001 年 QQ 用户注册数达 5000 万并于 2004 年突破 3 亿大关。2007 年，腾讯成立了国内首家由互联网企业建立的腾讯研究院。

微信（WeChat）是腾讯公司 2010 年 10 月启动的项目，并由广州研发中心打造，于 2011 年正式推出，是一款即时通信应用程序。截至 2015 年第一季度，微信已经覆盖中国 90% 以上的智能手机，月活跃用户达到

5.49 亿，用户覆盖 200 多个国家或地区。2014 年 8 月，微信支付公开宣布"微信智慧生活"整体解决方案，以"微信公众号 + 微信支付"为核心，助力传统行业在微信平台上移植原有的商业模式，微信奠定了腾讯在移动互联网领域的核心地位。2019 年 12 月，企业微信 3.0 版本正式发布，企业微信与微信的互通和升级，有助于企业与消费者、客户资源等完成深度链接，促进更多的合作伙伴共同深耕行业促进企业生态的建立。

（二）扮演操作系统成员角色的安卓

安卓（Android）是适用于智能手机和平板电脑等移动设备的一款由谷歌公司基于 Linux 的自由及开放源代码开发的操作系统，翻译成中文大致是"安卓"。该操作系统是谷歌公司于 2007 年 11 月联合 84 家软件开发商、硬件制造商和电信营运商一起研制出来的。2008 年 10 月，Android 智能手机因其源代码的发布而问世，随后，数码相机、电视机和游戏机等及平板电脑均开始应用 Android 系统。截至 2013 年 9 月全世界采用这款系统的设备数量达到 10 亿台，并且，到 2013 年底全球市场份额的 78.1% 被 Android 平台手机占领。安卓作为一种操作系统，虽然在市场上存在着 iOS 系统、华为研发鸿蒙系统的挑战，然而其长期的发展已经逐步成熟，形成了以此系统为核心的生态系统。2018 年，微软宣布正努力在 Windows 10 系统上添加对 Android 应用程序的使用支持，这将有效地促进安卓生态系统成为 Windows 体验的组成部分。

（三）扮演通信设备成员角色的中国移动

中国移动通信集团公司（中国移动）于 2000 年 4 月正式成立，是基于 GSM、TD-SCDMA、TD-LTE 网络的移动通信运营商，于香港和纽约两家证券交易所上市的大型央企。中国移动与韩国 KTF 公司于 2002 年 3 月在北京签订协议，实现了 GSM-CDMA 的自动漫游。同年与美国 AT & T Wireless 公司展开战略合作并开通 GPRS 国际漫游业务。2015 年中国移动以 318.8 亿元人民币收购铁通相关资产，其中包括 9.9 万皮长公里①的全国骨干网络、182.2 万皮长公里的城市光缆以及约 2471 万个 IPv4 地址资源等。自 2010 年起，中国移动开始筹建互联网公司，已建成九大业务基地，包括广东互联网基地、重庆物联网基地、上海手机视频基地等。中国移动提供的服务品牌有动感地带（M-Zone）、神州行（Easyown）、全球通（Go Tone）以及"and！和"。2018 年"中国国际物联网与智慧中国高峰论坛"上中国移动物联网公司总经理表示中古哦移动将在做大规模、提升价值和共建物联网新生态方面做出新的努力。2017 年是物联网的"规模商用元年"，而在 2018 年的时候改变为"万物皆互联、无处不 AI"，与此同时，十九大报告也明确指出了"推动互联网、大数据、人工智能和实体经济的深度融合"。中国移动物联网卡连接 2018 年达到了 2 亿个的规模。

（四）扮演硬件设备成员角色的小米科技

北京小米科技有限责任公司（简称小米科技或小米）于 2010 年 4 月成立，以"让每个人都能享受科技的乐趣"为公司愿景，致力于高级智能手机、互联网电视、智能家居产品的研发设计以及互联网智能家居生态链的构建。小米以极客精神生产产品，以互联网开发模式研发产品，秉承"为发烧而生"的产品理念。小米自成立以来，以飞快的速度增长，2012 年售出手机 719 万台，2013 年售出手机 1870 万台，2014 年增长为 6112 万台。在互联网电视机顶盒、互联网智能电视以及智能家居产品等领域，小米以互联网模式进行了颠覆。小米通过性价比高的产品和构建营销渠道，利用"米粉"的粉丝经济模式将越来越多的用户与小米的硬件设备相连，使得小米生态链战略逐步展开。小米生态的初衷是用投资方式，凭借小米的平台和资源，从而较快地布局互联网。随着互联网的发展，生态圈不再是单纯的产品延伸，小米的生态商业模式打破了传统

---

① "皮长公里"是光缆的长度计量方式。

的企业边界，以小米的平台核心和资源，以投资的方式吸引更多的企业参与到以小米设备为核心的生态圈中，联合研发不同层级的产品。

二　结构要素维度的案例数据

在数据搜集的过程中，探索每个企业在企业生态系统中的战略角色和对整个系统网络的贡献。本章采取"三角矩阵"的方法以保证数据搜集的准确性和饱和度，因此对企业的三类人员进行了半结构化的访谈（Saunders et al.，2009）。本章一共采访了 4 家企业的 11 位相关人员，采访一律采用半结构化访谈方式，受访者将根据自身的工作经历回答采访者预先准备好的问题。另外，为了确保数据的饱和度，本章还搜集了案例企业的二手数据，搜集渠道主要有财务报表、专访、新闻报道以及学术论文等。

本章主要通过以下措施保证信度和效度。①信度。本章采用 Yin（2003）的多案例研究过程的五个步骤：研究方案设计、准备搜集资料、实施搜集资料、对案例的分析以及研究报告的撰写。借助 Nvivo 编码软件对搜集的资料进行汇总，形成案例研究的数据库，保证可重复性研究的开展。②效度。根据 Yin（2003）提出的案例研究的证据"三角矩阵"，本章在搜集数据时采取多种形式的资料来源，比如访谈、直接观察、公司报表及新闻报道等，从而确保研究结果的建构效度。③外在效度。本章在现有理论基础上建立一个理论模型指导单个案例的研究，并采取 Yin（2003）复制逻辑的研究方法对其他多个案例进行研究。

第三节　结构要素维度的解析过程

一　利基型的战略结构

腾讯在移动计算企业生态系统中扮演利基型企业的角色，并实施利基型战略（Iansiti & Levien，2004a）。腾讯公司作为一家提供在线即时通信服务的应用软件提供商，已经成功开发出两款应用软件（QQ 和 We-Chat，即"微信"）。2016 年 1 月中国移动 App 活跃用户排行榜中，腾讯的这两款应用占比分别为 69.68% 和 76.33%（艾媒咨询，2016）。然而，自 1998 年腾讯公司创立以来的 20 年间，腾讯一直面临内、外两方面的严峻考验：一方面是满足用户对在线通信和娱乐的需求，另一方面则是考虑腾讯产品与不同操作系统之间的兼容性。腾讯采用了两种策略应对这两种挑战。

首先，腾讯采用了特殊的联盟策略用以维持其产品的兼容性并顺利嵌入不同的操作系统中。为此，腾讯要为每款即时通信产品开发至少 20 个版本。其次，在 QQ 应用中增加了网上虚拟社群（如 QQ 空间），使得用户的真实生活与网上的虚拟世界自由联通。腾讯公司值得其他企业学习和效仿的策略非常多，其中包括密切关注操作系统提供商的基础设备更新并与其维持良好的关系，采用独特的联盟策略拓展用户，同时建立在线社群空间连接用户的真实和网络虚拟世界。腾讯使用以上两种策略满足了 PC 端和移动端顾客的需求，开发适应不同操作系统的应用版本，不断丰富使用者的操作体验。在移动计算的企业生态系统中，有很多与腾讯相似的公司扮演着利基型成员角色，它们实施利基型战略，实现与核心平台及其他生态成员有效协同、共存共生。图 4-3 显示了腾讯的成员角色和战略类型。

二　骨干型战略结构

安卓在移动计算企业生态系统中扮演平台核心企业角色，并实施骨干型战略（Iansiti & Levien，2004b）。自 2008 年以来，智能手机受到广大用户的青睐，聚焦于 2G 手机的传统塞班（Symbian）系统渐渐失去了其市场，聚焦于 3G 智能手机的安卓（Android）和苹果公司的 iOS 操作

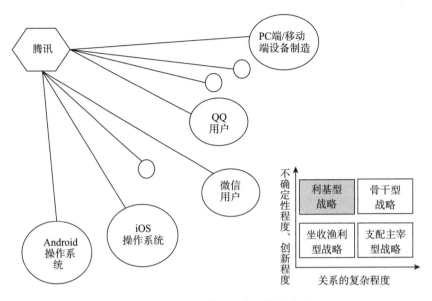

图 4 - 3　腾讯的成员角色和战略类型

注：图中右下角处的阴影部分即为其采取的战略类型。以下同。

系统被广为接受。传统的 2G 手机主要有通话、发短信等功能，相比之下，智能手机操作系统提供了娱乐、在线通信等多样化的扩展功能。这一阶段，商业环境呈现动态变化的特征，用户的需求也存在较大的不确定性。

安卓系统与苹果 iOS 系统最大的区别在于安卓系统的开放性。谷歌通过联合众多软件开发商及电信营运商开发的安卓系统向手机制造商和应用软件开发商提供完全开放的源代码，并不定期地开发新的系统版本允许任何开发者持续基于安卓平台进行应用软件的开发。安卓还推出了 Android TV 流媒体智能电视操作系统，以此促进终端电视设备硬件与操作软件的结合。安卓开放性的操作系统平台上，集结了众多智能移动产品制造商，如戴尔、华为、联想、惠普、LG、索尼等。图 4 - 4 显示了安卓的成员角色和战略类型。

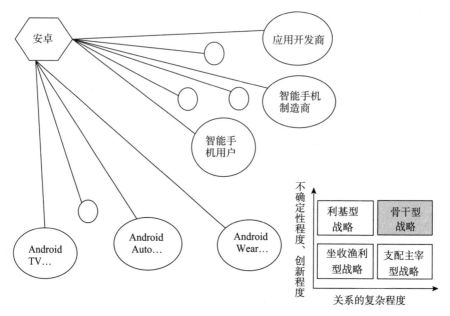

图 4 - 4　安卓的成员角色和战略类型

三　支配主宰型战略结构

中国移动在移动计算企业生态系统中扮演支配主宰型企业角色，并实施支配主宰型战略（Iansiti & Levien，2004a）。中国移动通信公司（中国移动）是中国较大的电信运营商之一。随着移动计算产业的兴起，中国移动开始为移动计算企业生态系统成员企业提供相关的服务，去除了过去贴在其身上的"通信管道"服务商的标签。

中国移动一方面为 3G 手机用户提供 GSM、全球通等通信服务以及为 4G 用户提供"and！和"通信服务；另一方面与众多硬件设备制造商合作。中国移动还扩展了商业范畴并开发了操作系统项目即开放移动系统（OMS），鼓励合作商基于 OMS 操作系统开发应用。因此，中国移动能够从服务和应用中收费。总之，它们尝试从操作系统和服务层面适应市场变化和市场需求。3G 和 4G 智能手机时代需要更多的服务而不是简单的移动通信功能,因此中国移动基于操作系统形成灵活多变的网络,为顾客提供更多服务并使操作系统产品更加便捷。中国移动凭借其强大的资源实力和基于移动计算通信网络基础的关键解决方案及广阔的覆盖性使其成为移动计算企业生态中的支配主宰型成员企业。图4-5显示了中国移动的成员角色和战略类型。

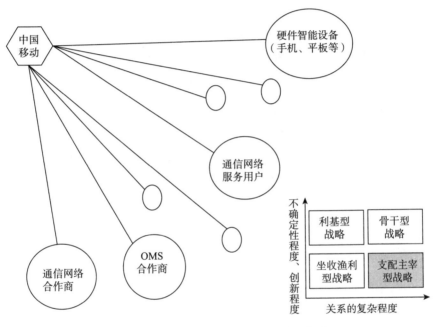

图 4 - 5 中国移动的成员角色和战略类型

四 坐收渔利型战略结构

坐收渔利的战略类型主要是指在企业生态系统中,通过整合生态系统中的资源而占领某一细分市场的战略类型。北京小米科技有限责任公司(小米科技或小米)在移动计算企业生态系统中扮演坐收渔利型企业角色,并实施坐收渔利型战略(Iansiti & Levien, 2004a)。小米是提供终端消费电子产品的原始设备制造商(OEM),并且小米手机拥有时尚的设计和易于操作的界面。目前，小米在中国市场面临众多挑战，比如如何使小米智能手机更加受欢迎。

小米开发出了小米手机，并整合了手机、媒体、在线商店等多种功能。小米手机在中国市场广受欢迎主要是因为它的高性价比和时尚的外观设计。小米通过成员共享资源并鼓励合作商为了满足市场需求而贡献创意和参与开发，通过提升合作商的参与感维系社群的自发性。小米通过整合移动计算企业生态系统中的各方资源，比如硬件模块供应商的智能产品生产模块、通信服务公司提供的基础通信网络和关键技术解决方案、应用开发商提供的应用软件等，提供直达消费者的终端产品。而且，小米通过盈利的手机产业逐步地掌握了市场份额，其产品结构呈现多元化布局。Mix 系列产品是顶级旗舰产品，其主要是为了开辟创新的市场，小米 8 成为畅销产品占领主流市场，小米 8se 是次旗舰的产品以稳住"1999"元的市场份额，红米系列产品成为千元手机市场的热销产品。图 4-6 显示了小米的成员角色和战略类型。

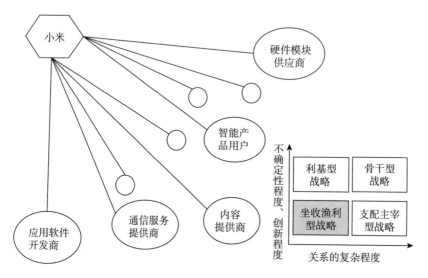

图 4-6 小米的成员角色和战略类型

第四节　结构要素维度的模型构建

一　环境不确定性要素

通常而言，企业面临的外部环境的不确定性主要来自宏观环境不确定性、行业环境不确定性和竞争对手不确定性。环境不确定性和行业环境不确定性是移动计算企业生态系统面临的最严峻的问题，因为是融合行业，没有广为接受的产品解决方案，需要合作伙伴高度互通实现主导设计。为了鼓励合作伙伴的参与和贡献，需要设计非常灵活的进入和撤离机制。表4-1总结了四个案例企业在移动计算企业生态系统中面临的五种挑战，分别是行业的未知性、合作伙伴的互通性、网络的灵活性、产品的多样性以及快速反应。

移动计算企业融合了计算机行业和移动手机行业，有各种应用场景，包括社交、商务、旅行、娱乐、教育、社会活动等（Balocco et al.，2009；Kenney & Pon，2011）。因此，设备应该具备相应的功能，适应市场需求。

表4-1　案例企业面临的行业变迁挑战

行业挑战	安卓	腾讯	中国移动	小米
未知性：行业发展的未知性（包括市场、应用、技术伙伴）	市场需求的未知性，没有行业标准	必须与多种操作系统兼容，从而产生未知结果	5G时代需要更多服务，主要源于市场的未知性	智能手机层面未知的市场需求
互通性：应对未知性的高度互动的需求	建立开放的操作系统吸引OEM和ISV的合作	通过联盟使产品与不同操作系统实现兼容	扩展合作商，与OEM、ISV以及操作系统合作	利用在线商店和"手机发烧友"实现合作伙伴和顾客的创新

行业挑战	安卓	腾讯	中国移动	小米
网络灵活性：企业自由地加入和撤出合作伙伴网络	操作系统开放资源以建立灵活的合作机制，推出多样化产品		设立OMS以促进与合作伙伴之间的互动	
产品多样性：应对市场未知性的产品多样化需求		让人们的真实生活与网络虚拟产品联系起来，并与多种操作系统兼容	更多的合作伙伴参与开发多种操作系统	合作商和顾客传递不同的软件应用信息，促进应用开发
快速反应：缩短产品的前置期以适应未知市场	操作系统开放资源以通过集体行动缩短完成时间			

二　自组织行为要素

到目前为止，移动计算企业生态系统有六种设备仍然没有满足顾客和产业的相关需求，包括可携带性（如屏幕大小）、功能和工作时间。整个市场呈现碎片化特征，仍然没有确定的主导型设计出现，因此企业需要彼此高度的合作，企业开始不仅关注自身的商业范畴，而且与整个企业生态系统的其他结构成员进行合作。在核心企业和非核心企业使用各自战略形成企业生态系统的同时，跨产业供应链融合交汇，于是诞生了新的企业生态系统。特别要指出的是，一个包含调整、适应、融合三步骤的自组织集体行为完成了新兴企业生态系统的融合过程（如表4-2所示）。

表4-2　企业生态系统融合的过程

	案例企业	调整：企业生态系统合作伙伴调整战略	适应：合作伙伴适应其他生态系统战略和特性	融合：两个生态系统的合作伙伴融合至新的产业
M至PC	安卓	调整自身转向系统开放	适应Linux的开放思想	成为操作系统供应商，为移动和PC行业提供服务

PC 至 M	腾讯	调整进入移动手机市场	腾讯支持 PC 行业的许多平台	成为移动和 PC 行业的信息服务提供商
M 至 PC	中国移动	调整进入服务领域，而不仅立足于通信基础业务	建立开放的操作系统，鼓励合作商的加入	既是通信基础供应商也是服务提供商
PC 至 M	小米	调整自身进入移动计算行业	以开放的创意适应在线企业生态系统	吸引许多信息服务提供商进入移动计算行业

注：M：移动产业；PC：计算机产业。

（一）战略调整

原企业生态系统中的企业开始调整自身的战略以应对行业的变迁和面临的挑战。中国移动意识到在 5G 互联网市场上，服务和软件应用才是增长的关键领域。小米之所以进入移动计算行业，是因为它面对来自英特尔和个人计算机行业激烈的竞争。由于设备需要更多的功能性和娱乐性，安卓开始部分开放其平台并鼓励更多的企业合作伙伴与之合作。总之，在行业面临挑战的时候，案例公司纷纷开始调整战略，向开放和相互学习的方向前进。

（二）成员适应

在调整了合作战略之后，案例企业复制了其他企业生态系统中的战略。中国移动构建了基于操作系统的企业生态系统并鼓励软件提供商与之合作，腾讯将其软件嵌入移动设备中，从而降低了计算机行业的进入壁垒。总之，案例企业相互之间适应了对方的战略和运营方式，这种现象最终将使不同企业生态系统实现融合并促进新的企业生态系统的形成。

（三）系统融合

企业之间通过相互学习之后，这些合作伙伴逐渐融合到新的复杂网络系统之中。对案例企业的研究证实了计算机企业生态系统和移动电话企业生态系统中的合作商最终形成了新的移动计算企业生态系统。这个新的企业生态系统吸收了前两个行业的优点，使产品更方便地接入互联网并能提供计算和娱乐功能。尽管出现了新的移动计算企业生态系统，然而原来的行业依然存在且更加专业化。比如，在移动电话行业，低端的移动电话依然存在是为了适应市场需求。同时，移动电话生态系统的商业模式也在发生着变化。随着移动电话技术的逐渐成熟，一些企业整合了所有的基础芯片提出了简单的芯片解决方案，从而降低了行业的进入壁垒。这个商业模式使得生态系统的参与者不断驱动供应链的下游企业实现创新。至于计算机企业生态系统，主导型设计依然基于英特尔和微软的解决方案。总之，两类企业生态系统的融合产生了新的企业生态系统和特殊的行业，原来的行业依然有其生存空间，并向另外一种模式转变。

三　战略类型要素

（一）核心企业的平台战略

移动计算企业生态系统中的核心企业（骨干型企业）被认为是一类拥有技术平台的企业，通过平台的互用策略鼓励其他合作伙伴加入并基于平台资源开发新的产品（Gawer & Cusumano，2008）。移动计算行业的产品一般比较复杂，兼顾技术和市场（Kenney & Pon，2011）。同时，核心企业往往专注于技术平台的研发而离顾客较远，因此，核心企业必须与生态系统中的其他成员紧密合作从而完善平台的功能和基础设施。本章中的安卓就是移动计算企业生态系统中的骨干型企业的代表，通过研发和提供关键系统技术的解决方案吸引其他的硬件制造商、软件提供商以及内容提供商共同围绕平台进行开发，从而促进企业生态系统的构建和逐步成长。因此，移动计算企业生态系统中的骨干型企业实施着平台战略。对于互补型和利基型的企业而言,它们通过与平台企业的联盟从而开发和提供基于平台的互补创新产品以求得生存。总之,平台企业通过竞争成为企业生态系统的核心企业,并吸引非平台企业与之合作。

(二)利基型企业的嵌入战略

在这个企业生态系统中,腾讯是一个利基型企业,需要考虑与不同核心企业的战略关系,这对于腾讯来说是极大的挑战。腾讯不得不开发同种产品的 20 多个版本以适应不同的平台系统。同时,它还在较小范围内建立与顾客的联盟关系,从而与平台共同演化。移动计算企业生态系统中的利基型企业需要依靠系统中的核心型企业提供的平台,围绕平台进行共同创新和开发,从而为系统提供互补价值。本章中的安卓是移动企业生态系统中平台战略的实施者,它通过提供共同创新的基础平台,驱动利基型成员和互补型成员的共同演化。许多像腾讯一样的企业,它们在生态系统中并不是发挥着领导型或核心型的作用,然而利基型成员企业与核心企业均发挥重要作用且数量较多。利基型企业实施嵌入战略的宗旨是寻找到适合企业生态系统和成员自身现状的差异化价值创造路径和方式。这些现象都说明,除了与核心企业平台共同演化之外(Iansiti & Levien, 2004b),利基型企业通过提供互补价值和互补能力,共同为平台拥有者提供综合的解决方案,从而赢得竞争优势。

(三)互补企业的双维战略

本章通过对移动计算企业生态系统中的四个案例企业的分析和讨论发现,在物联网技术不断发展背景下企业生态系统中的成员战略类型可以简单归纳为两种:平台战略和嵌入战略。平台战略不仅包含了企业生态系统中围绕关键技术解决方案的核心平台,也包含了为核心平台提供互补和支撑的各个利基平台,多种平台共同构成了物联网技术背景下企业生态系统的基本构架。嵌入战略也拓展了传统观点所认为的利基型企业实施的战略类型，传统观点认为的坐收渔利型企业和支配主宰型企业同样可以实施嵌入战略。关于企业生态系统成员结构和战略类型的传统观点认为系统中的成员根据自身角色和生态位实施四种不同的战略类型，即骨干型战略、利基型战略、坐收渔利型战略和支配主宰型战略（Iansiti & Levien，2004a），本书通过多案例研究发现，四种战略类型可简单归纳为平台战略和嵌入战略，如图4-7所示。

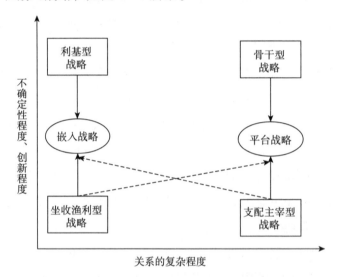

图4-7　环境不确定性下企业生态系统战略结构

　　本章中的中国移动属于企业生态战略类型传统观点认为的支配主宰型战略，通过强大的资源优势和基础设施投入对企业生态系统发挥支配型的关键作用。然而在互联网技术和物联网的发展和推动下，中国移动的角色渐渐发生了改变，也调整了传统的战略方式。中国移动一方面意识到移动计算新兴行业的出现和移动计算企业生态系统的萌芽。因此，对原先实施的支配主宰型战略进行了调整，整合其资源作为移动计算企业生态系统的互补型资源和价值，配合平台型企业进行价值共创。本章中的另一个案例企业小米属于传统企业生态系统观点认为的坐收渔利型战略类型，然而在移动计算新兴企业生态系统中，小米进行了战略调整，将身份从终端设备制造商转变为利基型平台互补企业，并实施了互补的平台战略。小米公司生产的智能产品在整合各方资源的情况下，将各种终端产品打造成一种平台型产品，从而连接了产品制造商、软件开发商以及产品使用者多方共同形成智能生态圈。小米从传统的坐收渔利型战略转型为利基型的平台战略，从而为移动计算企业生态系统创造了更多的价值，推动了成员之间的相互依赖和共同创新以及整个系统的健康发展（党兴华等，2010；黄鲁成，2003，2006）。

第五节　结构要素维度的小结

企业生态系统中的成员结构和战略类型是怎样的？对于该问题的解答可以追溯到 Iansiti 和 Levien 2004 年的研究，认为系统中的成员根据自身角色和生态位的不同实施四种不同的战略类型，即骨干型战略、利基型战略、坐收渔利型战略和支配主宰型战略。这种分类虽然较为清晰地勾勒出企业生态系统的成员结构和战略实施的差异化，然而在互联网技术和物联网技术快速发展以及众多创新的企业生态系统不断萌生和更新的今天，已无法更为明确地展现企业的现实战略状况。

本章则以企业生态系统的成员结构和战略类型为核心议题，以互联网技术广泛应用和物联网背景下兴起的移动计算企业生态系统为研究对象，选取腾讯、安卓、中国移动和小米四家企业作为多案例分析的样本。首先，按照 Iansiti 和 Levien（2004a）的分类方法，四家案例企业实施的战略类型依次属于利基型战略、骨干型战略、支配主宰型战略和坐收渔利型战略。其次，对四家案例企业在移动计算企业生态系统中实施的战略进行分析和讨论。研究的结果表明：在移动计算企业生态系统中，骨干型企业实施平台战略、利基型企业实施嵌入战略、支配主宰型企业和坐收渔利型企业实施的战略向平台战略或嵌入战略转型。

第五章

企业生态系统"动态演化"维度的单案例解析

本章为探索性单案例研究部分，主要阐述本书研究理论模型中的"动态演化"维度（见图 5－1 的阴影部分），通过对互联网转型企业（海尔集团）进行单案例纵向研究，分析了企业生态系统的动态演化过程以及平台的驱动作用。首先，介绍了企业生态系统动态演化与资源依赖理论的结合（包括企业生态系统动态演化的成员类型、关系机制、策略实施、平台驱动）；其次，介绍了单案例研究方法以及案例数据的获取和处理过程，在研究结果的基础上论述了企业生态系统演化动因（环境变迁、战略变革）、演化路径（资源整合、策略实施）、演化结果（结构和关系变化、功能变化）以及互联网平台模式的驱动作用；最后，得出主要结论，展示海尔的企业生态系统动态演化过程和机制。

互联网技术的应用和物联网的发展改变了传统制造业的格局，迫使中国本土制造企业转型升级（Hammer & Champy，1993）。企业转型的动因来自内部和外部：企业成长过程中内部变迁力量迫使企业转型（Kanter & Stein，1992），商业环境、科技水平、组织文化等外部力量促进企业变革（Reger et al.，1992）。中国本土制造企业转型的原因很多，一方面，外部资源限制、劳动力及生产要素成本攀升；另一方面，过度投资导致行业产能过剩（Reger et al.，1992）。然而，转型的方式多种多样。企业在外部环境稳定时采取渐进式变革策略，环境突变时

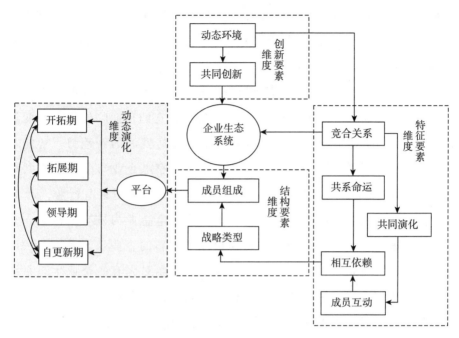

图 5 - 1 企业生态系统动态演化维度的理论模型（阴影部分）

进行革命性转型（赵昌文、许召元，2013）。企业还可以通过创新和整合实现转型从而提高盈利能力，通过商业模式创新或组织重构从而提升在产业价值链中的地位（魏炜、朱武祥，2010；原磊，2008）。从单个产业转而构建企业生态系统，即由利益相关者组织构成的复杂系统，则可能牵动其他组织，从而发生演化。在企业生态系统中，核心企业的战略变革和商业模式转型，将改变整个系统的"营养"体系和"演化"机制，使企业生态系统的成员结构、相互关系及功能发生变化（Moore，1996）。

企业生态系统理论，是由 Moore（1996）引用人类学家 Bateson（1973）的共同演化理论及生物学家 Gould（1977）的自然生态理论而提出的。Moore（1996）以生态类比法将企业生态系统发展过程描述为"开拓、拓展、领导及自更新"四个阶段，认为在自更新阶段企业生态系统将"重生"或"消亡"。Gawer 和 Cusumano（2002）及 Iansiti 和 Levien

（2004a，2004b）证实了这一推论，以20世纪90年代美国计算机行业为研究背景，分析了"IBM传统生态系统"的衰亡和"英特尔平台生态系统"的崛起。

中国家电行业自20世纪90年代初进入快速增长期并实现了本土化崛起，然而在互联网技术飞速发展的21世纪，它们正面临外部环境变迁的严峻考验：增速放缓、消费升级以及智能家居发展的新趋势。智能家居系统是一个开放式的平台体系，它需要传统家电企业与多方组织共享资源、共同协作为顾客创造全新的核心价值。反观中国家电行业，近30年的积累逐步形成了以海尔、格力、美的等家电企业为核心的巨头，它们各自掌握着核心的资源和能力从而形成了创新的企业生态系统。然而互联网、物联网技术和智能家居等新概念的诞生对固有的企业生态系统形成了威胁和挑战，就传统家电制造企业而言，它们具有哪些关键性稀缺资源？哪些资源优势可以维系领导力？它们的企业生态系统如何演化？这些都亟待解决。Gawer（2014）的研究表明，当一个平台领导者开始与互补产品的供应商以及其他利益相关者合作并实现共同创新时，一个基于平台的企业生态系统便孕育而生。而互联网等新兴信息技术的发展催生了众多的平台生态圈，比如由美国的苹果、谷歌、Facebook以及中国的阿里巴巴和京东等互联网平台型企业构建的企业生态系统。然而，传统企业在组织结构、资源禀赋及核心能力等方面都与互联网企业有着与生俱来的差异。

那么，在互联网及物联网的冲击下中国传统制造企业的转型如何影响其企业生态系统的成员结构、相互关系及功能的变化？企业转型和企业生态系统演化通过创新和整合得以实现（Gereffi，1994），在整合企业外部资源的同时，必将改变与资源拥有方的权力依赖制衡关系，这是资源依赖理论的核心议题。本章以此为视角，选择海尔集团进行单案例纵向研究。海尔是中国制造企业的优秀代表，在经营状况良好的情况下，稳中求变，进行战略变革和商业模式转型。因此，本章以海尔1984～

2019 年经历的 5 次战略变革为背景，探究中国制造企业如何通过企业生态系统演化发生转型，如何凭借资源优势增强其他组织的资源依赖性，从而实现企业生态系统的演化并维系平台的领导力，以及传统企业如何通过互联网平台模式实现转型和企业再造。

第一节 演化要素维度的方法可行性

一 动态演化的成员类型

商业组织所处的外部环境是不断变化的，而其中的成功者主要是快速有效进行演化的企业，因此它们需要获取诸如资本、合作伙伴、供应商、顾客等外部资源以打造一个合作型的商业网络（Moore，1996）。企业生态系统的成员包括顾客、供应商、生产者、竞争者、金融组织、贸易协会、工会、政府及其他的利益共同体（Casciaro & Piskorski，2005）。企业生态系统是一个拥有众多成员的复杂系统网络，然而学者并没有对成员结构进行清晰归类。在资源依赖理论中，Pfeffer 和 Nawak（1976）以及 Pfeffer 和 Salancik（1978）吸收了霍利的人类生态学观点，将组织之间的依赖关系分为三种，即共生依赖、竞争依赖和伙伴依赖。本章结合企业生态系统理论和资源依赖理论中的成员关系，将企业生态系统成员的依赖关系分为三种类型。

（一）共生依赖型

Pfeffer 和 Salancik（1978）指出，组织间将面临共生依赖关系。Hawley（1986）把共生关系定义成"两个不同组织间的相互依存关系"，就像钢铁制造商需要铁原料和煤，或是造纸厂需要木材。用经济学的术语来解释，共生依赖存在于整个生产过程的横向组织之间。企业生态系统中与核心企业具有共生依赖关系的成员，如供应商、中间商、生产者等为生产满足市场需求的创新产品而相互协作、共生共荣。

（二） 竞争依赖型

Pfeffer 和 Salancik （1978） 指出，商业组织的目标是竞争市场、财务和人力资源，这种竞争也存在于其他的组织形式中。Thompson 和 Mcewen （1958） 强调，竞争在结构相似的组织中更易出现，这些组织向类似的市场提供相似的产品或服务，为争夺稀缺性资源而相互竞争。商业组织并不喜欢面对这种非约束性的竞争和不确定性。Cyert 和 March （1963） 认为组织试图建立相互协商的环境，其中一种方式就是与竞争者协商从而确立比较稳定的地位。企业生态系统中与核心企业存在相互依赖关系的成员，大多提供类似产品，并争夺同行业的终端消费者。

（三） 伙伴依赖型

Pfeffer 和 Salancik （1978） 指出，合资或联合经营是伙伴依赖的形式。伙伴依赖是双方为稳定资源流动 （流入和流出） 而进行的经济上的交换。企业生态系统中与核心企业存在伙伴依赖关系的成员有股东、投资机构、合资企业等。

二 动态演化的关系机制

企业生态系统中的核心企业通过创造一个崭新的商业网络并发挥自身领导力来协调与外部组织的协同演化关系 （Casciaro & Piskorski, 2005）。领导型组织不断提升自身的创新能力，并与系统中其他组织成员以 "竞合" （竞争与合作） 的方式生产顾客满意的产品以满足市场需求 （Gawer & Cusumano, 2008）。竞合体现了企业生态系统内部复杂的关系，是一种既竞争又依赖的机制 （Iansiti & Levien, 2004a）。资源依赖理论起源于 Emerson （1962） 对资源和权力之间关系的讨论。Pfeffer 和 Salancik

（1978）认为组织为了生存，需要与环境中其他资源拥有方进行资源互换，组织所需要的资源可以归纳为人力资源、财务资源、物质资源、技术资源、知识资源、信息资源和无形资源。资源依赖是一个动态变化的过程，Emerson（1962）指出，一个组织会寻找替代性资源和组织伙伴而减少对某种关键性资源的依赖。

Emerson（1962）论述了资源和权力的二元关系：两个组织之间因资源的相互依赖而达到一种平衡状态，当一方的资源依赖发生改变，出现依赖的不对等，便产生权力的失衡。Emerson（1962）认为两个资源方 A 和 B 之间是相互依赖的关系，A 因需要 B 的资源而产生对 B 的依赖（Dab），由此 B 产生了对 A 的权力（Pba）。在平衡状态下两者是对等的，即"Dab = Pba"。然而这种均衡状态会在一定情形下发生失衡，一方为了减少对另一方的依赖，可以采取 4 种机制：减少激励性投资，放弃权力（机制1）；寻找替代资源，延伸权力关系网（机制2）；增强伙伴对自己的依赖（机制3）；通过联合形成资源聚合（机制4）。这 4 种机制都有可能打破权力的平衡关系，形成"Dab > Pba"或"Dab < Pba"的状态。

三 动态演化的策略实施

资源依赖理论反映了组织采用各种战略来改变自己，为了管理与环境中其他组织的相互依赖关系而采取一定的策略行动（Gould，1977）。资源依赖理论确定了外部因素对组织行为的影响，同时受外部环境的限制，组织一般会设法降低环境的不确定性和对环境的依赖性（Hawley，1986）。核心问题就是权力的概念，即对关键性资源的控制，企业会受制于某些强大的资源交换方。为了减少对外部组织的资源依赖，组织往往采取多种策略应对或回避资源依赖。这些策略包括合资（Harrigan，1999）、并购、多元化、联盟，以及组建交叉董事会委派组织代表加入公司的决策部门（Pfeffer & Salancik，1978）。有 5 种回应策略可以使组织减少对环境的依赖：并购和横向整合、合资和其他组织联合（战略联盟、R&D 合同、研发联盟、合作）、组建董事会、展开政治行动、高管继位。

四　动态演化的平台驱动

平台企业在其企业生态系统中扮演着"媒介"和平台领导的角色，通过技术和商业模式的创新吸引更多的外部组织参与和组建企业生态系统。Moore（2006）认为成功的商业模式是不断演化的结果，需要吸引外界诸如资本、合作伙伴、供应商以及顾客等资源从而构建一个竞合的网络。有关企业生态系统的研究关注企业的无边界问题，核心企业与产业中的企业、其他产业的企业共同组成复杂系统为顾客创造价值。在新兴信息技术时代，传统企业的边界变得模糊并出现跨产业合作的现象，在转型的过程中与众多跨产业组织形成生态圈，共同演化以适应外界环境的变迁和顾客需求的转变（Gereffi，1994）。

有学者关注企业生态系统内部特征，指出骨干型企业提供平台而利基型企业为平台提供附加价值，平台战略促使企业生态系统发生演化，平台的开放性是管理的一种创新（Bateson，1973）。以 Adner 为代表的学者强调核心企业、顾客与互补型企业之间的关联关系。也有一些学者关注企业生态系统的外部特征，比如商业机会和环境，以及相互依赖的组织和团体，再比如科技进步和技术演变，认为技术因素会慢慢影响企业生态系统的演化和革新（Bateson，1973）。Gawer 和 Cusumano（2008，2014）指出，平台生态圈中核心企业的特征包括以下几个方面：有能力提供支撑企业生态系统创新的技术解决方案以及产品或服务；有能力为了实现共同创新的目标而将众多参与方（市场参与者）汇聚在一起；有能力通过更多用户、更多互补的产品和服务使平台价值呈几何级数增长。从企业生态系统视角分析,平台企业构建的系统包含了不同种群的复杂经济体,种群之间互相关联、互相制约,从而构成一个平台型企业生态系统。平台在企业生态系统动态演化过程中发挥着重要的驱动作用。本章从平台背景、平台网络、平台竞合、平台关联、平台创新、平台演变六个方面构建平台模式的六个特征指标,具体如表 5 - 1 所描述。

表 5 - 1　互联网平台模式的特征

维度	维度结构	组成因素
平台背景	技术驱动因素 行业阻碍因素	新兴信息技术的驱动和促进作用 传统产业发展受技术进步和变革的影响
平台网络	平台领导者 平台参与者	平台生态圈中的核心领导者 平台生态圈中的主要参与者
平台竞合	平台合作机制 平台竞争机制	平台领导者与平台参与者之间的合作方式 平台领导者与平台参与者之间的竞争方式
平台关联	平台关联模式	平台领导者与平台参与者共同创新和共同演化的模式
平台创新	资源整合能力 协同创新能力 环境适应能力	平台生态圈整合内部和外部资源的能力 平台领导者与平台参与者共同创新创造的能力 平台生态圈适应外部环境变化的生存能力
平台演变	技术演变 模式演变	平台生态圈内部核心技术的变化 平台生态圈内部的模式变革

第二节　演化要素维度的方案设计

一　单案例研究的方法

案例研究是管理学中常用的实证研究方法之一,通常有单案例研究和多案例研究之分,适合回答"怎么样"或"为什么"类型的问题。根据案例分析的不同路径,有理论驱动型和现象驱动型之分。现象驱动型是尝试在案例分析的过程中建立理论，这往往因为现有研究中缺乏可行性理论；而理论驱动型是在原有理论框架下建立理论模型，适用于对尚未成熟的理论进行探索和验证。单案例的选择非常具有技巧性，需要准确选择一个能够提供理论洞见的特定组织。Eisenhardt（1989）指出单案例研究的目的主要在于对复杂理论进行解释。因此，本章选取海尔集团进行单案例研究，属于理论驱动型，解释海尔在物联网时代如何通过资源依赖关系重构企业生态系统。

二　单案例研究的数据来源

在案例资料的搜集过程中，采用 Yin（2003）的"证据三角"，从不同途径获取资料相互印证，提高效度。本章的数据来源有三种：①深度访谈，项目团队从 2014 年 6 月开始编写问卷和调研计划，至 2014 年 7 月 22 日，前往青岛海尔总部进行实地调研，访谈了中层管理人员、自主经营体负责人及基层员工（详细的访谈调研问卷提纲参见附录）；②财务报表，搜集海尔集团两大上市公司，即青岛海尔（股票代码 600690）和海尔电器（股票代码 01169）的财务报表；③其他二手资料，通过其他途径搜集多种二手资料，如与海尔相关的学术论文、学位论文，以海尔转型为主题的相关书籍、有关评论性文章和媒体报道，海尔集团高层管理人员的专访和公开演讲等。

三　单案例研究的样本选择

作为中国领先的白色家电制造企业，海尔集团创立于 1984 年，由电冰箱制造商起步，目前在全球有 24 个工业园、5 大研发中心、66 个贸易公司。2014 年全球营业额为 2007 亿元。本章首先梳理海尔在过去 30 余年经历的 5 次战略变革，依据其产生背景和变革特点与海尔所处企业生态系统的生命周期进行对立统一，将其具体分为 4 个阶段（见表 5 - 2）。

表 5 - 2　海尔企业生态系统生命周期

生命周期	开拓期	拓展期	领导期		自更新期
年份	1984～1991	1992～1998	1999～2005	2006～2012	2013～2019
战略类型	名牌战略	多元化战略	国际化战略	全球化战略	网络化战略
时代背景	改革开放机遇	"南方谈话"机遇	加入 WTO 机遇	互联网时代机遇	物联网时代机遇
管理模式	全面质量管理	OEC 管理模式	市场链管理模式	人单合一双赢	人单合一模式
组织形成	正三角组织	正三角组织	正三角组织	自主经营体	小微平台组织
典型事件	1990 年获得国家质量管理奖	1995 年 OEC 管理法获得国家管理一等奖	1998 年在美国南卡罗来纳州建厂；在海外建立 18 家工厂	建立全球五大研发中心，形成创新体系	平台型组织；创业"小微"孵化

资料来源：根据王钦、赵剑波（2014）整理。

（一）企业生态系统开拓期

20 世纪 80 年代，正值改革开放初期，发达的设备和先进的冰箱制造技术被许多企业从国外引进来，海尔也参与其中。海尔的前身是青岛电冰箱总厂，1984 年只是一家职工不到 800 人、亏损 147 万元的小厂。同年，35 岁的张瑞敏被派到海尔当厂长，引进联邦德国利勃海尔电冰箱生产技术成立青岛电冰箱总厂。海尔号召"要么不干，要干就干第一"，为此，海尔狠抓产品质量，全面进行管理，而不是盲目追求产量。

（二）企业生态系统拓展期

20 世纪 90 年代，国家鼓励企业兼并重组，海尔的创新起始于规模扩张和多元化经营，利用"海尔文化激活休克鱼"的方法，从 1991 年开始扩张，截至 1997 年底，海尔通过资产重组、控股联营，共兼并企业 18 家，约 1.5 万人加盟海尔。海尔的家电产品扩展到了热水器、微波炉、彩电、VCD、电话机、传真机、洗碗机、电熨斗、吸尘器等 27 个门类，海尔的发展自此进入一个更为广阔的空间。

（三）企业生态系统领导期

1999～2012 年，海尔通过国际化和全球化战略进一步拓展企业生态系统。1999 年，在菲律宾建立了第一家海外工厂，接着在美国腹地南卡罗来纳州建厂；2001 年，在意大利并购了迈尼盖蒂冰箱公司，在法国里昂和荷兰阿姆斯特丹建立设计中心，在意大利米兰成立营销中心，从而实现了在欧洲的本土化经营。2002 年，纽约中城格林尼治银行大厦被海尔买下，并在此成立北美总部；2005 年，海尔中东工业园在约旦首都安曼开业；2011 年，海尔将日本三洋电机的多项业务收购，并与其签署协议，2 个研发中心、4 个制造基地及 6 个本土化市场架构的区域逐步在日本和东南亚形成。

（四）企业生态系统自更新期

2013 年，海尔实施网络化战略，由传统制造企业向互联网平台型企业转型。2014 年正式推出"U＋"智慧生活操作系统，2015 年推出"U＋App"并发展了 300 多家企业合作商共同构建智慧生活生态圈。"人单合一双赢"成为该时期的商业模式，海尔也借此探索如何在互联网时代下吸引顾客。海尔将企业从管控型组织变成一个投资平台，员工从原来被动的命令执行者转变为平台上的自驱动创新者，而驱动员工创业的就是不断交互出的用户需求，企业与员工、合作方构成合作共赢的小微企业生态系统。2019 年 BrandZ 全球最具价值品牌 100 强排行榜上，海尔成为 BrandZ 历史上第一个也是唯一一个进入百强的物联网生态品牌。互联网时代主要是依靠用户流量形成平台战略，而在物联网时代海尔主要是以生态价值打造品牌。

第三节　演化要素维度的解析过程

一　动态演化的动因

（一）环境变迁

物联网时代海尔所处的商业环境正在发生急剧变迁。一方面是顾客需求趋于个性化，信息公开化、透明化使得消费者拥有更大的自主选择权。因此，企业需要有效地进行资源整合培育新的能力和竞争优势以应对快速变化的顾客需求。海尔提出了"三化"改造目标，即企业平台化、员工创客化、用户个性化。海尔逐渐变成一个让全球的优质资源可以无障碍接入的开放平台，提供创新的流程和机制，外部资源不断接入，组成"创客"经营体，直接面对用户满足其个性化需求。另一方面是整个产业的革新和智能家居的兴起，未来的城市是智慧型城市，家居也正朝着智能化转变。一个家庭里的电器未来将都是智能化的，人们可以通过电脑和手机，操作下载的程序完成对家电的智能操控。行业的智能化发展趋势将给传统制造企业带来新的挑战。

（二）战略变革

在互联网的冲击下，2013 年海尔进入网络化战略阶段，对其传统的企业生态系统进行自更新。按照海尔 CEO 张瑞敏的说法，"希望将海尔打造成为一个有机的生命系统，与用户、供应商等同呼吸、共命运"。海尔应对外部环境的急剧变化而逐步进行战略变革，从 20 世纪 80 年代进行的名牌战略、90 年代进行的多元化战略，到 21 世纪初的国际化战略和全球化战略，逐步演化为物联网时代的网络化战略和平台化战略。

早在 2000 年，海尔就提出"不触网，就会死"，并计划将海尔的电器变成一件件的"网器"。2006 年，海尔提出"人单合一"的模式也正是为了与顾客"零距离"接触，从而最大限度地了解顾客需求。为了配合这一模式，海尔还将组织结构从正三角转变成倒三角，极大地提升了企业面对顾客的反应和决策速度。2012年12月，海尔描绘了未来的战略图景，并正式宣布进入网络化战略阶段。这次战略转型与前几次不同，正如张瑞敏所说，"我们正在不断地自我颠覆"。做大做强是传统企业的目标，采用的路径主要是实现范围经济和规模经济。但是，在互联网时代，平台才是实现资源快速配置的驱动力，有平台才有生态圈。

二 动态演化的路径

(一) 资源整合

在海尔的企业生态系统中，成员之间进行资源互换。Pfeffer和Salancik（1978）的研究表明，组织所需的资源包括一切生产性要素，包括人力资源、财务资源、物质资源、技术资源、知识资源、信息资源和无形资源。而海尔在企业生态系统发展的不同阶段都存在对某些资源的依赖。海尔具有"教派般的文化"，认为企业不应太多关注产量和利润而忽略无形资源的价值。海尔主张通过人力资源整合企业内部和外部的无形资源，如知识、技术、文化、品牌，继而形成"有形"产品和服务资源。

在开拓期，海尔主要缺乏人力、财务和技术资源，产品滞销、人心涣散。在扩张期，海尔积累的管理经验、技术等可复制模式急需人力和物质资源实现对外扩张。在领导期，海尔需要知识和无形资源建立自己的领导地位。在自更新期，海尔依托其全球研发、设计、模块化、智能化实现资源共享。在海尔资源云平台上，合作伙伴、用户可以通过官网、社区、海尔商城、海极网与顾客直接交互。供应商通过模块化资源平台（海达源）参与前端设计，通过研发资源平台（海立方、众创意）等引入全球一流研发、设计、供应链等资源，为全流程创造用户体验提供资源保障。2014年，海尔的线上模块化供应商扩大了十倍，在线研发资源扩大了百倍，在线交互用户资源扩大了千倍，产品研发周期从 18 个月缩短至 8 个月。

（二）策略实施

海尔在传统企业生态系统的开拓期、扩张期、领导期和自更新期分别使用不同的策略回应外部环境的控制以减少对外部资源的依赖。在开拓期，利用战略合作和技术引进的策略配合海尔创业之初"起步晚、起点高"的名牌战略，逐步开拓市场。1984 年的海尔处于内忧外患的境况：企业内部可谓"一穷二白"，产品滞销、企业亏空、人心涣散；企业外部的电冰箱市场品种繁多、竞争激烈。为了解决技术资源匮乏的问题，1984 年 10 月，海尔通过与联邦德国利勃海尔进行战略合作，引进当时亚洲第一条四星级电冰箱生产线。

在扩张期，海尔获得了管理、技术、资金等方面的资源积累，在政策支持下通过并购同行业竞争者实现了多元化经营。海尔通过向并购企业输入海尔文化，盘活被兼并企业，使海尔企业生态系统不断扩展。在领导期，为了树立海尔领导者地位，伴随着中国加入 WTO，海尔走出国门创造中国自己的品牌，通过绿地投资和合资策略，在海外建厂、建工业园，成立合资公司。

在物联网冲击下，2012 年海尔进入网络化战略阶段，海尔对传统的企业生态系统进行自更新，实施平台化战略以整合资源，使传统企业生态系统获得新生，具体表现为产品平台化、服务平台化和组织平台化。表 5 - 3 展现了海尔企业生态系统动态演化的路径。

表 5 - 3　海尔企业生态系统动态演化的路径

生命周期	阶段描述	资源类型	策略实施
开拓期	1984 年 10 月 23 日，青岛电冰箱总厂与联邦德国利勃海尔公司关于电冰箱技术和经济合作项目在青岛正式签订协议。根据协议，利勃海尔公司向青岛电冰箱总厂提供 3 种型号家用电冰箱的关键设备和技术，并派专家帮助安装设备，进行技术指导	人力资源 财务资源 技术资源	战略合作 技术引进

生命周期	阶段描述	资源类型	策略实施
扩张期	1997 年 9 月，以进入彩电业为标志，海尔进入黑色家电、信息家电生产领域。与此同时，海尔以低成本扩张的方式先后兼并了广东顺德洗衣机厂、莱阳电熨斗厂等 18 家企业，企业在多元化经营与规模扩张方面，进入更广阔的发展领域。海尔以"吃休克鱼"的方式，通过输入海尔文化，盘活被兼并企业，使企业规模不断扩展	物质资源 人力资源	并购 多元化
领导期	1999 年 4 月 30 日，海尔在美国的南卡罗来纳州建立了生产厂，至 2000 年 3 月在海外有 6 家工厂建成投产；2001 年在巴基斯坦建成全球第二个海外工业园；2002 年与德国欧倍德建立合资公司，2006 年与日本三洋株式会社成立合资公司	物质资源 知识资源 无形资源	绿地投资 合资
自更新期	2012 年 12 月 26 日，海尔正式宣布进入"网络化战略"阶段。2014 年正式推出"U＋"智慧生活操作系统，2015 年推出"U＋App"并发展了 300 多家企业合作商共同构建智慧生活生态圈；2018 年"U＋"智慧生活 X.0 平台以 UHomeOS 为基础，通过"IoT＋AI"双引擎驱动，可以实现定制交互、定制场景和定制服务	信息资源 人力资源	网络化 平台化

三 动态演化的结果

（一）结构和关系变化

海尔企业生态系统生命周期的不同阶段，伴随着战略变革，企业生态系统的成员结构发生改变，拥有共生依赖、竞争依赖和伙伴依赖关系的成员也处于不断演化的状态（见图 5－2）。在开拓期，海尔专注于电冰箱产业，生产高质量的电冰箱，1988 年海尔电冰箱获得全国评比的第一枚金牌。这一阶段海尔企业生态系统的成员结构见表 5－4 中第一个结构图，海尔（M_0）与供应商（S_0）和消费者（C_0）存在共生依赖关系。

在扩张期，海尔通过控股联营和资产重组的方式，并购同行业其他企业，扩大了企业生态系统规模。1997 年底，共盘活 15.2 亿元的资产，兼并 18 家企业，约 1.5 万人加盟海尔，比如出资 60% 与广东顺德爱德集团合资组建"顺德海尔"；1997 年 7 月与莱阳家电总厂合资经营；1997 年 9 月与控股 60% 经营的"杭州海尔"正式推出海尔彩电"探路者"，见

表 5 - 4 中第二个结构图。海尔（M_0）与同行业有竞争依赖关系的企业（M_1、M_2、M_3）共同形成扩张期企业生态系统。

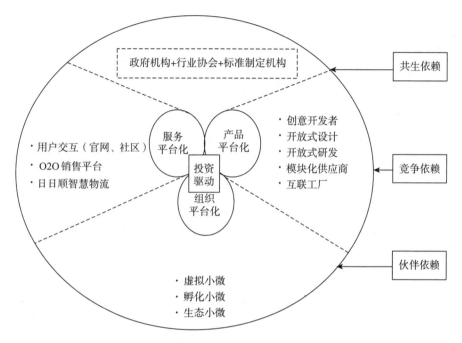

图 5 - 2　海尔企业生态系统动态演化的功能变化

到了领导期，海尔分别抓住中国加入 WTO 的机遇实施了国际化战略，适应互联网时代机遇实施了全球化战略，从而扩大了企业生态系统的范围并树立了海尔的领导者地位。如表 5 - 4 中第三个结构图所示，海尔（M_0）在世界范围内通过建立工业园、工厂实现本土化生产，继而与全球供应商（WS_1）和全球顾客（WC_1）建立共生依赖关系；海尔也通过与同行业全球制造企业（WM_1），如思科、三洋签订战略协议保持竞合关系；同时海尔（M_0）与全球范围内其他行业的企业（WM'_1）建立合作伙伴关系。这三个阶段形成了海尔的传统企业生态系统。

到了自更新期，平台化策略使得企业生态系统的成员得到了扩展。海尔通过搭建平台吸引全球研发、设计、投资方的参与。比如 2013 年，海尔搭建了"海尔开放创新平台 HOPE"，打破了原来单向的研发模式。

将用户和全球范围内拥有创新技术的研究者、研究机构、高校、技术专家等创新技术的持有方以及渴望产品革新的企业方等资源引导到统一的平台上。再如海尔的投资平台海立方，目前已有 95 家政府园区、1326 家创业投资商入驻。通过"U+"智慧生活操作系统，可以获得包括软件、硬件、服务、运营商、平台、用户、开发者等在内的一系列合作资源，2015 年"U+"智慧生活操作系统拟接入的合作资源数量达到 260 家。海尔正在向互联网平台型企业转型，正如表 5-4 第四个结构图所示，海尔（M_0）与全球范围内的研发、设计、技术、资金等资源提供者（S'_1 + WS'_1）形成利益共享的企业生态系统，并为同产业顾客（C_1 + WC_1）、跨产业顾客（C'_1 + WC'_1）提供产品和服务。

表 5-4　海尔企业生态系统动态演化的结果

生命周期	典型事件	结构变化
开拓期	1984 年 10 月与联邦德国利勃海尔签约，引进当时亚洲第一条四星级电冰箱生产线；1985 年以"砸冰箱"事件唤醒员工质量意识，之后凭借高质量冰箱得到消费者认可，并出现市场抢购现象	S_0 — M_0 — C_0
扩张期	1991 年，并购青岛空调器厂和青岛电冰柜总厂成立海尔集团；至 1997 年底，共兼并家电行业 18 家企业	M_1 M_2 M_3 / S_0 — M_0 — C_0
领导期	同产业：2001 年在欧洲，并购意大利迈尼盖蒂冰箱公司，在法国和荷兰成立设计中心，实现欧洲本土化经营；至 2002 年，分别在亚洲马来西亚、印度尼西亚、孟加拉国、越南等国建立工厂，在新加坡建立贸易公司；至 2003 年，在约旦、伊朗和叙利亚建厂 跨产业：2007 年与思科签订战略合作协议；2008 年，控股并建立青岛海尔洲际酒店；2009 年，与古巴电子集团签订战略协议；2011 年，海尔电器与凯雷亚洲基金合作	WS_1 — WM_1 — WC_1 / $M1$ / S_1 — M_0 — C_1 / S'_1 — M'_1 — C'_1 / WS'_1 — WM'_1 — WC'_1

续表

生命周期	典型事件	结构变化
自更新期	2014 年海尔推出"U +"智慧生活操作系统,并于 2015 年推出"U + App",通过统一标准吸引不同品牌的家电产品接入平台,打造连接消费者和制造商的双边平台市场	

注:①实线圈表示同行业,虚线圈表示跨边界不同行业;②M_0 是制造企业(Manufacturer)缩写,在本章中特指海尔生态圈的核心企业,S_0 是供应商(Supplier)缩写,C_0 是顾客(Consumer)缩写;③M_1、M_2、M_3 表示同行业其他制造企业;④WS_1 表示全球供应商(World Supplier),WC_1 表示全球顾客(World Consumer),WM_1 表示全球制造企业(World Manufacturer);⑤M_1'、S_1'、C_1' 是不同行业内的制造企业、供应商和顾客,WM_1'、WS_1'、WC_1' 是不同行业全球范围内的制造企业、供应商和顾客;⑥这些成员组成以 M_0 为核心的企业生态系统圈,其关系和结构变化过程为同行业内成员扩展、同行业全球范围扩展、跨行业扩展以及跨行业全球扩展,在此过程中企业生态系统成员关系和结构随之变化。

(二)功能变化

企业生态系统成员结构和相互关系的改变最终导致功能的变化,体现在产品、服务和组织 3 个层面。首先是产品功能变化。青岛海尔承载了海尔的产品平台化功能,具体指产品从研发到生产过程的平台化以及产品本身功能实现平台互联。一方面,海尔 2014 年推出"U +"智慧生活操作系统,2015 年推出"U + App",通过统一标准吸引不同品牌的家电产品接入平台,打造连接消费者和制造商的双边平台市场。目前该平台系统已同多家家电制造商、软件开发商、内容提供商等建立合作关系。另一方面,海尔通过建立众创意、资源整合、海立方等平台引入全球一流研发、设计、供应链等资源实现平台交互,并通过海达源平台接入模块供应商资源,内联智慧互联工厂(沈阳冰箱互联工厂、海尔智家佛山滚筒互联工厂）进行平台化产品生产。

其次是服务功能变化。海尔电器承载了海尔的服务平台化功能，将传统单向的服务转化为交互的平台化服务。一方面，海尔通过海尔用户社区、卡萨帝官网、海尔商城、海极网等平台与顾客进行平台交互，了解顾客需求，提供个性化定制服务。另一方面，将过去传统产品的物流服务转化为平台化服务。海尔通过建立日日顺商城、海尔商城，并与其他电子商务平台（如阿里巴巴）建立战略合作关系，结合线下实体物流营销网络实现服务平台化。

最后是组织功能变化。海尔通过"去中心化"将传统串联式的组织结构转型为利益共同体，从而构建没有层级的平台化组织结构，即由平台主、小微主、创客组成的组织。所谓"小微"，就是基于海尔平台的创业公司，而海尔就逐步成为为"小微"提供资源等支持的创业大平台。根据海尔的设想，未来海尔的成员只有三类，即平台主、小微主和小微成员。海尔目前有300多个"小微"，可分为三类：类似于自主经营体的虚拟小微、引入外部资源在海尔的平台上进行创业的孵化小微，以及独立创业却仍然使用海尔平台资源的生态小微。

第四节 演化要素维度的平台驱动

一 平台驱动特征

（一）平台背景

新兴信息技术的发展改变了产品制造商与顾客之间原有的信息不对称的境况，迫使传统企业改变原有的生产思维和服务模式。海尔作为传统的白色家电制造商，其生产方式沿用传统的价值链模式，研发、设计、采购、生产、物流、销售均在企业内部完成。随着技术的进步，海尔逐步做出调整：组织趋于扁平化，集团作为小微创客平台（NO7.）的驱动平台和投资平台，并利用海立方平台（NO4.）吸引众多创业项目和投资方资源；通过开放创新平台（NO1.）、众创意平台（NO2.）、海达源平台（NO3.）实现与全球资源拥有方的平台互动，从而整合全球优质研发、设计、生产模块等资源以满足顾客个性化定制需求；原有的物流体系则打造成日日顺平台（NO5.）；产品升级为智能产品，并研发了 U-home 智慧家庭解决方案以建立智能家居平台（NO6.）。

（二）平台网络

平台生态圈的网络结构由平台领导者与众多平台参与者通过自组织方式构成。海尔的开放创新平台（NO1.）、众创意平台（NO2.）、海达源平台（NO3.）与海立方平台（NO4.）通过平台模式吸引了来自企业外部的众多优秀资源提供方。如 HOPE 开放创新平台打破单向的研发模式，将创新技术的研究方、权威研发机构、研究机构、高校、企业、技术专家等资源方引至平台。日日顺平台（NO5.）依托日日顺家居网和海尔商城"虚网"以及海尔在全国建立的 3000 多条客户配送专线、6000 多个服务网点构成的"实网"，通过与顾客的交互提供"一站式"物流服务。海尔于 2014 年推出"U+"智慧生活操作系统，并吸引包括软件、硬件、服务、运营商、用户、开发者等在内的合作资源方构成智能家居平台（NO6.）网络。海尔的内部员工则通过创立小微公司的方式形成组织内小微创客平台（NO7.）网络，目前海尔拥有 300 多个"小微公司"，可分为虚拟小微、孵化小微和生态小微三种类型。

（三）平台竞合

平台生态圈中的平台领导者与参与者既竞争又合作，构成了其运行机制。在开放创新平台（NO1.）中，不同的资源拥有方通过合作维持平台的运行，然而创新技术的拥有方如研究机构、高校之间也存在相互竞争和争夺资源需求方的状况，众创意平台（NO2.）、海达源平台（NO3.）、海立方平台（NO4.）的情况与其类似。在日日顺平台（NO5.）中，以日日顺家居网和海尔商城两个参与者为例，也存在竞合的情况。智能家居平台（NO6.）中的软件、硬件、服务、运营商、开发者通过相互配合从而保证了 U－home 智能家居系统的稳定架构和运行，而提供类似产品的软件商、服务商则需要争夺用户资源。平台生态圈中的竞合机制一方面保证了生态网络的运行，另一方面则促使其向更加有效和健康的方向发展。

（四）平台关联

平台生态圈中的平台领导者与平台参与者之间通过相互关联和协作，实现了共同创新和共同演化。平台领导者与参与者之间的关联依据对关键资源的依赖程度可以分为三种类型，分别是资源整合型、资源互补型以及资源依赖型。海尔的小微创客平台（NO7.）属于资源整合型，以"天樽空调"小微公司为例，小微成员通过海尔的交互社区与用户交流产品的创新点，获得海尔的资金支持，利用海尔的研发能力、制造能力生产出产品，再通过海尔的销售和物流渠道将产品最终送到顾客手上。海尔的开放创新平台（NO1.）、众创意平台（NO2.）、海达源平台（NO3.）、与海立方平台（NO4.）属于资源互补型。一方面，平台领导者依赖全球优质的创新资源、研发资源、设计资源、生产资源等；另一方面，平台参与者则需要通过平台与用户和其他辅助机构进行交互与合作。资源依赖型平台关联模式则适用于智能家居平台（NO6.）。由于智能家居行业起步晚，平台对外部合作方的资源依赖性较强，需要外部资源拥有方提供支持与服务，共同构建智能操作系统。

（五）平台创新

平台生态圈的创新能力可以从资源整合能力、协同创新能力和环境适应能力三方面进行衡量。海尔一直致力于打造"创新研发模式",运用内外部资源进行研发创新并实现技术市场化。2013 年海尔搭建了开放创新平台(NO1.),打破了原来单向的研发模式。有超过 200 万个全球一流资源,注册机构达到 10 万家,各类硬件创新项目已成功孵化 220 余个,创新及创意项目每月可以交互产生 500 多个。海达源平台(NO3.)以"为用户提供最佳体验"为目的,3700 多家模块商已完成注册,2000 多个方案已实现平台交互。海立方平台(NO4.)已有 882 个项目上线、4458 家资源入驻、2439 位在线合伙人。海立方平台(NO4.)上汇集的资源有政府园区、销售渠道、加工制造、VC 投资等。日日顺平台(NO5.)在全国拥有 14 个发运基地中心、93 个配送中心(TC)、9 个原材料 VMI 中心,仓储面积达 200 万平方米以上,年运量超过 4000 万立方米,海外成品发运量年均 87000TEU。智能家居平台(NO6.)正为 80 家企业的需求进行规划,并已实现与约 60 家企业(华为、百度、魅族、Qualcomm、GE 等)的资源合作。

（六）平台演变

平台生态圈在适应外部技术进步与变革的情况下,内部的运行模式也在平台领导者与参与者的共同作用下不断地进行演化。在开放创新平台(NO1.)、众创意平台(NO2.)、海达源平台(NO3.)与海立方平台(NO4.)中,平台将自身的资源与外部资源进行互补,从而使平台生态圈的合作伙伴共同演化,推动研发模式、设计模式、采购等从传统的单向模式转变为平台交互和全球网络模式。日日顺平台(NO5.)打破了原有的物流模式,不再是提供简单的运输、仓储、装卸业务,而是与客户实现深度一体化,深入客户前端的商业模式设计,形成了一个"自有渠道 + 专业卖场渠道 + 网上电商渠道"的稳定模式。海尔的小微创客平台(NO7.)将传统企业中垂直组织结构转变为扁平化的组织结构,将传统的科层等级制度演化为由平台主、小微主和小微成员共同组成的创客组织网络。海尔的创业平台对员工和社会均开放，小微主和小微成员在小微化组织中能够真正完成自我驱动和自我演进。

海尔互联网平台模式转型实例见表5–5。

表5–5　海尔互联网平台模式转型实例

平台名称	平台简介	平台化转型方式
开放创新平台（NO1.）	企业生态系统和全流程创新交互平台	研发平台化
众创意平台（NO2.）	以用户为中心的全球创意互动平台	设计平台化
海达源平台（NO3.）	用户零距离互动的模块化定制平台	智能制造平台化
海立方平台（NO4.）	创业项目加速转化的投资平台	投资平台化
日日顺平台（NO5.）	虚实网结合的物流平台	物流服务平台化
智能家居平台（NO6.）	以"U＋"智慧生活操作系统为核心的智慧解决方案	产品平台化
小微创客平台（NO7.）	在线员工依托海尔资源作为平台进行创业	组织平台化

二　平台驱动模式

海尔在转型的过程中通过搭建平台与外部环境中的利益相关者组织建立关系，进而通过平台与合作伙伴之间的关联构建平台生态圈。从资源依赖视角看，根据海尔在构建生态圈过程中对外部资源的依赖程度，将传统企业平台转型构建平台生态圈划分为资源依赖型、资源互补型和资源整合型三种模式（见图5–3）。

模式一是资源依赖型，传统企业搭建的平台对外部商业环境中其他组织的资源依赖性较强。这类平台生态圈处于企业生态系统的初生期，对应的外部行业往往处于兴起阶段。传统企业依据自身企业某方面的资源积累，以此资源为平台核心，通过搭建平台，将资源依赖方吸附在平台上，从而尝试构建平台生态圈。

模式二是资源互补型，传统企业搭建的平台与外部商业环境中其他组织进行资源的互换并达到资源互补的状态，因此平台核心企业与生态

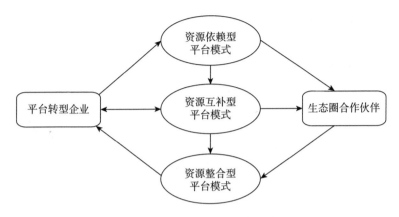

图 5 - 3　三种平台模式

圈中合作伙伴之间是资源共享、权力对等的状态。这类平台生态圈由初生期向扩张期发展，多处于较成熟的行业领域。

模式三是资源整合型，往往处于企业生态系统的成熟期，对应的外部行业趋于稳定。这类平台已经过多年经营，积累了一定的资源优势，并与生态圈中的合作伙伴形成了比较稳定的资源共享关系，并且核心企业对自身的内部资源和生态圈中其他组织的资源进行了整合，能够充分发挥资源优势。

平台生态圈的三种模式反映了企业生态系统生命周期的前三个阶段，分别是初生期、扩张期、成熟期，它们之间的关系不断演化，且成员处于成长状态（Penrose，1996）。同时，在演化的过程中伴随着资源依赖关系的变化。资源依赖理论强调在企业生态系统中资源匮乏的一方渴望与资源拥有方通过战略联盟、战略合作等方式建立联系，并通过提升外部组织对其依赖度而扩大权力，减少依赖。传统企业在面对外部环境的变化、识别新的商业机会时，会利用拥有的资源优势搭建平台，吸引外部组织的加入，这时建立的是资源依赖型平台生态圈。

本章通过选取海尔在转型过程中建立的 7 个平台，结合平台生态圈的 6 个特征指标对其进行单案例纵向研究，发掘了海尔的互联网平台模式转型类型有三种：资源依赖型、资源互补型和资源整合型。资源依赖型意味着平台对外部商业环境中其他组织的资源依赖性较强，比如智能家居平台（NO6.）；资源互补型意味着平台核心企业与生态圈中合作伙伴之间是资源共享、权力对等的状态，比如开放创新平台（NO1.）、众创意平台（NO2.）、海达源平台（NO3.）与海立方平台（NO4.）；资源整合型意味着平台领导者与参与者形成了比较稳定的资源共享关系，比如日日顺平台（NO5.）和小微创客平台（NO7.），核心企业对自身的内部资源和生态圈中其他组织的资源进行了整合，充分发挥资源优势。

海尔的互联网平台模式转型的核心驱动力是互联网时代顾客的个性化需求（见图5-4中的虚线框）。海尔的组织扁平化、产品智能化、研发平台化、设计平台化都是为了实现与顾客的"零距离"交流，从而及时了解顾客的个性化需求，通过整合全球优质资源以提供创新产品。海尔的互联网平台转型方式，一方面对传统企业固有的资源和能力进行改善，比如开放创新平台对产品创意和研发进行改进，众创意平台对产品设计进行改进，海达源平台对产品生产流程进行改进，日日顺平台对物流体系进行改进；另一方面吸收和整合来自企业外部的开放优质资源，比如通过智能家居平台吸引外部的内容提供商、投资机构等资源，通过海立方平台和小微创客平台吸引外部的创业项目和风险投资等资源（见图5-4中的方框和箭头指向）。

第五节　演化要素维度的小结

随着时代的变迁、技术的进步，传统制造业企业集聚的资源和竞争优势已经不再能满足企业生态系统成员对创新的需求，因此应向互联网平台型企业转型，通过平台化发展外部组织，整合和汇聚资源，从而扭转资源依赖和权力的关系。本章研究发现，传统企业的平台转型，可以通过产品平台化吸附资源，驱动实现智能化生产；可以通过服务平台化将传统资源向社会开放，聚合社会资源并同用户进行平台交互；可以通过组织平台化，以投资驱动组织结构从传统科层制正三角结构向平台化

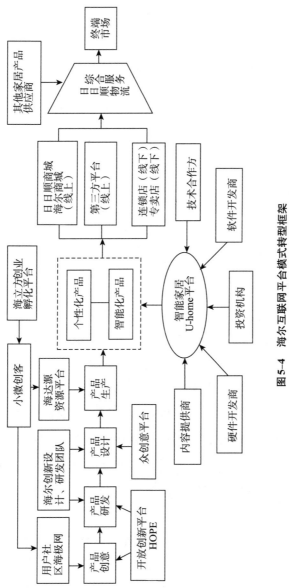

图5-4 海尔互联网平台模式转型框架

组织转变，融合社会化创业的小微公司。企业生态系统的核心企业通过平台转型，利用平台作为杠杆整合资源，减少对企业生态系统成员的依赖，继而能够增强自身的话语权和成员对其资源依赖。通过平台化整合用户、设计、研发、生产等资源，提高共生依赖型成员对核心企业的依赖性；通过平台化融合创业、投资、伙伴和联盟，提高伙伴依赖型成员对核心企业的依赖性；通过平台化聚集用户、企业、资本等资源，提高竞争依赖型成员对核心企业的依赖性。根据资源依赖理论中的三种依赖关系，结合对企业生态系统中成员结构的研究，本章将企业生态系统的其他成员归类为共生依赖型成员、伙伴依赖型成员及竞争依赖型成员。共生依赖型成员为核心企业提供进行互补型生产必需的资源，协作生产创新产品。伙伴依赖型成员与核心企业通过合作的方式扩大企业生态系统的范围和影响力。竞争依赖型成员是核心企业同行业或跨产业的竞争者。企业生态系统中成员结构也会随着企业生态系统的发展而发生变化。表5-6显示了企业生态系统的动态演化机制。

从海尔的案例可以看出，海尔1984~2014年历经的5次战略变革符合这样的内在规律：①企业外部竞争环境的变化，导致竞争性资源发生改变，企业受制于某些外部资源，迫使企业进行战略变革；②为了减少对外部资源（有形资源、无形资源）的依赖性，企业或主动或被动地采取回应策略，以减少资源拥有方的权力控制；③伴随着策略的实施，以及对企业内外部资源的整合，形成了新的能力和竞争优势；④资源整合使更多的利益相关者组织加入企业生态系统，从而促使其成员结构发生变化，这种变化也最终导致成员间相互关系及整个企业生态系统功能的改变。

随着产能过剩的加剧和中国经济增速的调整，转型升级迫在眉睫。海尔的案例给遭遇转型之痛的传统企业提供了一定的借鉴。首先，传统企业应该转变竞争优势来源，从工业时代关注企业内部资源的积累和提升资产专有性，转向互联网时代通过开放式创新和资源整合获取持续竞争

表 5 - 6 企业生态系统的动态演化机制

生命周期	环境变迁	战略变革	资源整合	策略实施	结构变化
开拓期	改革开放 引进国外技术	名牌 战略	物质资源 人力资源	战略合作 技术引进	S_0 — M_0 — C_0
扩张期	国家政策鼓励 并购;家电市 场竞争激烈	多元化 战略	技术资源 财务资源	并购 多元化	M_1 M_2 M_3 / S_0 — M_0 — C_0
领导期	中国入世,踏 入国际市场	全球化 战略	无形资源	绿地投资 合资	WS_1 — WM_1 — WC_1 / M_1 / S_1 — M_0 — C_1 ; S'_1 M'_1 C'_1 / WS'_1 WM'_1 WC'_1
自更新期	互联网颠覆传 统经济模式	网络化 战略	信息资源 知识资源	网络化 平台化	WS_1 — WM_1 — WC_1 / M_1 / S_1 — M_0 — C_1 ; S'_1 M'_1 C'_1 / WS'_1 WM'_1 WC'_1

优势。其次,为了实现信息的交互,需要对企业内部的组织结构、生产模式等进行调整,借助互联网等新兴信息技术实现流程再造。然而,并不是所有的传统企业都具备向互联网平台企业转型的实力,因此选择融入一个业已成熟的平台生态圈实现共荣共生不失为另一条转型出路。

在物联网时代,海尔的企业生态系统也面临挑战。一是顾客的需求日益个性化;二是以智能家居的兴起为主要标志的产业革新;三是面对由竞争者组成的企业生态圈的威胁。首先,互联网经济改变了顾客的消费习惯。互联网平台型企业出现之前，消费者习惯到海尔的实体店挑选产品、询问价格并直接购买，他们关注的是海尔产品的质量、品牌保证和售后服务。随着互联网平台企业，如阿里巴巴、淘宝、京东等的兴起及日益壮大，消费者拥有了更多的选择权。同时，产品性能、价格等信息越来越公开化、透明化和对称化。

其次，随着智慧型城市的逐步建成，家电行业悄然发生变化，家居正在朝智能化方向转变。未来的电器是智能化的，人们可以通过电脑和手机，通过操作下载的程序完成对家电的智能操控。德国开始推进工业4.0，其学术界和产业界认为，未来 10 年，基于信息物理系统（Cyber-Physical Systems，CPS）的智能化将使人类开始以智能制造为主导的第四次工业革命。产品全生命周期和全制造流程的数字化以及基于信息通信技术的模块集成，将带来一个高度灵活并且高度个性化和数字化的产品与服务的生产模式。工业 4.0 将催生全新的商业模式和合作模式。这些模式将会使潜在的商业利润在整个价值链利益相关者之间得到公平的共享。

海尔已经敏锐地感受到外界环境的剧烈变化，早在 2000 年，张瑞敏就说过"不触网，就会死"，并计划将海尔的电器变成一件件"网器"。2005 年，海尔提出"人单合一"的模式也正是为了与顾客"零距离"接触，从而最大限度地了解顾客的需求。为了配合"人单合一"销售模式，海尔将组织结构从正三角转变成倒三角，极大地提高了企业面对顾客的反应和决策速度。2012 年 12 月，海尔用互联网时代的企业语言，描绘了未来的战略图景，并正式宣布进入网络化战略阶段。这次战略转型与前几次差异巨大。正如张瑞敏所说："我们现在正在不断地自我颠覆。传统企业的驱动力是规模经济和范围经济，就是做大做强。但是互联网时代的驱动力是平台。平台就是快速配置资源的框架，平台就是生态圈。"从中可以看出海尔向平台企业转型和构建企业生态系统的强烈意愿，是在对外界环境急剧变迁做出预判的情况下对企业原有战略模式进行的调整。

　　因此，跨产业的合作及资源的互换与整合尤为重要，将封闭的传统企业生态系统演化成开放的平台企业生态系统则是发挥资源最大效用的途径之一。在演化转型的过程中，传统企业发挥资源优势，使产品制造、服务模式及组织结构等实现平台化转型，与跨产业多方资源建立关联合作关系，从而聚合更多的外部组织形成资源共享的开放企业生态系统，共同演化，打造新的竞争优势。

| 第六章 |

企业生态系统 "创新要素" 维度的统计解析

本章为本书的大样本统计研究部分（见图 6 - 1）。首先，论述理论背景和研究假设（企业生态系统的环境不确定性与成员企业技术创新、企业规模调节之下的环境不确定性对技术创新的影响、企业盈利调节之下的环境不确定性对技术创新的影响、企业性质调节之下的环境不确定性对技术创新的影响）；其次，介绍样本数据的处理，选取 2008 ~ 2014 年中国 A 股非金融上市公司的截面数据（包含 5525 个观测样本）[数据来自国泰安（CSMAR）和万得（WIND）两大数据库]；再次，介绍因变量、自变量、调节变量和控制变量的选择和测度以及理论模型的构建；最后，对实证分析的结果进行讨论，包括描述性统计、相关性分析、OLS 回归分析、稳健性检验，并结合企业生态系统的相关理论解析成员企业的技术创新行为与其面临的环境不确定性之间存在的正 U 形关系。

作为 20 世纪 90 年代战略管理领域的变革思想以及视角崭新的企业生态系统理论（Moore，1993），成员企业的共同创新以及应对外部环境变迁的适应性和共同演化是其突出特征。企业生态系统能够产生独特的创新优势并且每个成员企业都具备创新的企业家精神（Schumpeter，1934）。生态系统竞争合作的自组织形式使企业之间实现了资源互补，能够发挥各自的核心优势，促进协作创新产生（Adner，2006）。在企业生

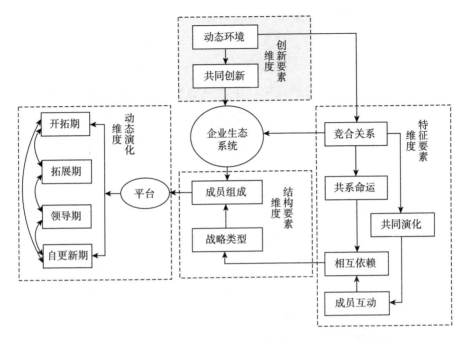

图 6-1 企业生态系统创新要素维度的理论模型（阴影部分）

态系统的生命周期过程中，系统中的创新能力很可能受到外部环境变迁和顾客消费需求改变的影响而减弱，因此系统内部必须不断加强机制创新，发挥每个成员的潜能和创造力，维持整个系统的创新能力和旺盛的生命力。在物联网时代，核心企业通过提供关键技术解决方案吸引其他企业围绕技术平台进行协同创新（Persaud，2005），逐步形成以技术创新为核心的企业生态系统，成员企业根据外部环境的复杂性和不确定性等特征调整其创新研发投入等行为，实现企业生态系统的共同创新（Gawer，2014；Adner & Kapoor，2010）。

创新驱动是企业维持竞争优势和国家实现经济转型的新动力，自1912年美籍奥地利经济学家熊彼特首次提出"创新"概念以来，创新在国家经济发展，尤其在企业竞争方面所起的作用越来越被人们所重视（陈劲等，2003；Tian & Wang，2014）。现有成果主要从知识产权保护、创新政策等宏观层面（Yanadori & Cui，2013），企业产权、研发团队特征、高管感知行为等微观层面（李苗苗等，2014；温军、冯根福，2012；
Jandhyala & Phene，2015），以及企业外部环境的层面研究了企业技术创
新的决策行为和战略投入（Tidd，2001；肖婷、李垣，2010；Tan，2013）。
在有关环境不确定因素的研究中，学者分别指出了公司财务状况（Cag-
gese，2012）、市场竞争程度（聂辉华等，2008）、偶发性事件（黄学军、
吴冲锋，2006）等可能会影响企业管理者有关技术创新投入决策（谢凤
华等，2008）。

　　然而，现阶段多数研究旨在分析哪些环境不确定性因素会对企业管
理者的技术创新决策产生影响，较少关注这些因素对企业的技术创新产
生何种影响及影响的内在机制。部分学者认为环境不确定性与企业技术
创新存在倒 U 形关系（袁建国等，2015），我们认为两者之间的关系恰好
相反，是正 U 形的关系，并且企业的技术创新不是孤立存在的，与其所
在的企业生态系统中其他成员企业的技术创新行为有关。

　　为此，本章选取 2008～2014 年中国沪深 A 股非金融上市公司作为研
究对象，实证分析企业生态系统所处的物联网环境的不确定性与成员企
业技术创新的关系。研究结果拓展了对企业生态系统成员企业共同创新、
共同演化的理解。

第一节　创新要素维度的理论逻辑

一　环境不确定性和技术创新

　　随着商业环境的急剧变化和物联网的发展，企业面对的外部环境也
不断动态变化和日益复杂化，为了生存和发展，企业会本能地与更多的
利益相关者建立相互依赖和相互协作的关系，实现共同创新和演化并逐
步建立起相互影响的且具有松散结构特征的企业生态系统，应对环境的
不确定性（胡斌、李旭芳，2013；Lueg & Borisov，2014）。关于企业所处

的环境，可描述为对于组织和企业而言能够发挥潜在作用的外部力量或外部组织机构。学者们在此基础上展开研究，把企业的外部环境划分为竞争环境、技术环境以及市场环境三种类型（Desarbo et al.，2005）。环境不确定性分为环境的复杂性和环境的动荡性两类，前者主要表现为外界环境中与企业利益相关的其他企业的数量和差异化程度的复杂性，而后者表现为企业所处的外部环境与行业市场的变化程度（Duncan，1972）。

中国经济正处于快速发展的转型时期，由于市场和制度等的不成熟，外部商业环境存在诸多不确定性因素（贾蔚文，1999）。学者一般从两个视角展开对环境不确定性的研究，一个是主观视角，即企业高管对外部环境不确定性的主观感知行为（Tan，2013；Finkelstein & Hambrick，1990），另一个是客观视角，即企业外部环境的不确定性（Milliken，1987）。据此推理，高管自身的感知行为和主观判断会在一定程度上影响决策行为，而且高管在做出决策时会考虑环境的不确定性（Qian et al.，2013；Alexander & Knippenberg，2014）。

企业生态系统中的单个成员无法完成技术创新，因为生态系统中的创新是一种系统创新，只有成员围绕核心企业的技术平台共同开发，才能实现创新和演化（Adner，2006）。在物联网时代，由于技术创新的快速更迭、市场需求的不稳定、行业的迅速发展等，外部环境的变迁往往会使企业家做出异于传统经济时代的管理决策。随着环境不确定性的提升，习惯于路径依赖的企业，往往创新动力会不足。技术创新促进了互联网企业的成立和成长（Gawer，2007），形成了以技术平台为核心的企业生态系统，吸引来自不同行业的各类企业融入这个企业生态圈共同创新、共同创造，并实现共同演化，从而维持企业生态圈的成长和繁荣（Adner，2004，2006）。因此，当外部存在环境不确定性时，很多企业家往往因为无法判断互联网时代的经济形势而不敢贸然采取技术创新战略，减少技术创新投入。当环境不确定性达到一定临界值时，平台型企业构建的企业生态系统才会初步形成（Bargelm，1996）。在这种环境下，很多传统的商业模式将逐渐被淘汰，一些企业将逐渐加大技术创新投入，实现跨越式发展。

由以上论述可知，外部环境的变迁和不确定性因素会对企业经营管理者和战略制定者的行为决策产生影响，而且环境不确定性对企业技术创新产生的作用是正 U 形的。因此，提出如下研究假设：

研究假设 6 - 1：企业生态系统外部环境的不确定性与成员企业的技术创新两者之间的关系是正 U 形的。

二　成员企业规模的作用

有关企业规模与企业技术创新的理论研究大体可以分为两类，有的学者认为大型企业更具备技术创新的优势，而另外一些学者认为中小企业更容易实现技术创新（舒丽涛，2010；李伟铭等，2008）。Schumpeter（1934）认为，创新能够帮助企业建立垄断优势，而大型企业相比中小企业而言更具创新的条件和动力，能够推动行业技术的不断进步。学者大多支持熊彼特的学术观点，主要从三个层面论证大型企业技术创新优势理论：一是大型企业具有雄厚的资金实力进行与技术创新相关的研发、测试、推广等活动；二是大型企业具有丰富的企业资源，可以有效规避单个研发项目失败带来的风险；三是大型企业更多着眼于技术创新的长线投资而非短期回报；四是大型企业有较高的市场占有率和控制力，可以进行长期研发投资；五是大型企业具有的多样化战略特征能够助推企业从事研发活动，并能提高成功率（徐传谌、唐晓燕，2011；Clarke，1999）。

也有学者表示中小企业在技术创新方面具备优势。企业面临的外部环境变化很快，大企业会因为规模扩张而机构臃肿，并且有较高的官僚化程度，相比之下，小企业更加灵活多变并更易适应环境变化进行

研发投资等活动 (Gilder, 1988; Dosi, 1982)。除此之外, 大型企业更趋向于关注较为成熟市场的拓展和投资, 很有可能忽略潜在的新兴市场, 相比之下, 小企业的研发人员更具备技术创新的研发动力和能力。小企业通常不受"惯性"思维束缚 (Tripsas & Gavetti, 2000), 因此对环境的适应性较强、较少依赖固有的资源和模式, 其研发和资产转移成本相对小。

企业生态系统处于复杂多变和高度不确定的外部环境之中, 因此, 环境中的一些非生物的生态因子也会对系统产生影响, 科技因素就是影响因子之一 (楼园、赵红, 2002)。成功的企业生态系统内部成员可以通过共同创新和演化实现价值最大化, 为最终顾客创造更大的价值。企业生态系统中的核心企业综合考虑各个成员的优势和劣势, 并制定整体发展战略, 而各成员在核心企业的引领下实施各自的战略, 维系整个系统的共荣发展 (梁运文、谭力文, 2005)。企业生态系统中的企业主要有骨干型、支配主宰型、坐收渔利型和利基型四种 (扬西蒂、莱维恩, 2006)。其中骨干型大型企业能够为企业生态系统中其他成员的发展提供关键技术等解决方案, 而其他互补型企业围绕技术创新平台提供互补型价值实现共同创新和演化 (Peltoniemi, 2006)。这些骨干型企业和平台领导者, 还需对企业生态系统的外部环境变迁保持高度的敏感, 并及时通过研发投资等行为维系整个生态系统的创新能力 (魏江、许庆瑞, 1996; 魏江、郑小勇, 2010), 否则, 核心企业的平台领导者地位会被其他类型的成员企业所取代, 整个企业生态系统也面临着被外部环境中更具创新的企业生态系统取代的风险 (Iansiti & Levien, 2004b)。因此, 提出以下假设:

研究假设6-2a: 企业生态系统的环境不确定性会较强地激励规模较小的成员企业进行技术创新;

研究假设6-2b: 企业生态系统的环境不确定性会较弱地激励规模较大的成员企业进行技术创新。

三 成员企业盈利能力的作用

我们认为企业生态系统的环境不确定性对成员企业技术创新的作用受企业盈利能力的影响。从现有关于企业盈利能力与技术创新投入关系的研究中可以得出两种截然不同的观点：有的学者认为企业的盈利能力会促进企业的技术创新投入（陈丰、许敏，2010；王晨、王新红，2011）；而另外有学者认为两者之间并不存在因果或促进关系（罗绍德、刘春光，2009）。Li 和 Tang（2010）认为盈利能力较好的企业的高级管理者能更加顺畅地实施有效的决策，并通过积累流动性资产使企业拥有更多的资本进行研发等技术创新支持性活动和战略决策。另外，盈利能力也反映了企业在市场中的地位和经营管理能力，拥有较高盈利能力的企业对市场的熟悉度和敏感度较高，可以促进企业进行技术创新和开展拓展市场的经营活动（Li & Tang，2010）。由此推理，盈利能力较差的企业积累的流动性资产不足、对市场和行业的控制力较弱，会阻碍企业从事研发等技术创新活动。在企业生态系统中，企业的盈利能力同样会影响技术创新。因此，提出以下研究假设：

研究假设 6 - 3a：企业生态系统的环境不确定性会较强地激励盈利能力较好的企业进行技术创新；

研究假设 6 - 3b：企业生态系统的环境不确定性会较弱地激励盈利能力较差的企业进行技术创新。

四 成员企业性质的作用

目前，中国经济正处于转型和升级的特殊时期，企业根据性质可划分为国有企业和非国有企业，而企业生态系统则统含这两种类型的企业，它们的性质差别也会体现在环境不确定性对企业技术创新影响的差异上

（Cui Mak，2002；李妹、高山行，2014）。国有企业特殊的所有权结构会使企业管理者风险承担的能力和动力不足，企业经理人更多地关注如何执行和有效控制计划的实施，缺乏对市场变化和行业发展的关注，而为了适应外部环境变化而主动进行创新投入的动力也不足（Obloj & Thomas，1998）。由于国有企业的产权结构，企业管理者有效激励不足，管理者会因为缺乏"企业家精神"较少从事相关的研发等技术创新投资活动。对国有企业进行改制和增加私有股权比例，可以有效激励企业管理者的"企业家精神"和参与创新活动的积极性（姚洋，1998）。Gartner（1985）认为与国有企业相比，非国有企业的管理者有较强意愿承担技术创新风险，因为企业家与企业整体的利益是捆绑在一起的，高风险投入能够为企业家带来较高的风险收益回报（Aghion et al.，2013；Freeman，2005）。相较国有企业，对非国有企业而言，外部环境变迁和市场竞争对其管理者更具有激励性，能够提高其进行技术创新等高风险投入的动力和积极性（Gartner，1985）。因此，提出以下假设。

　　研究假设 6 - 4a：企业生态系统中，环境不确定性会较强地激励非国有企业的技术创新；

　　研究假设 6 - 4b：企业生态系统中，环境不确定性会较弱地激励国有企业的技术创新。

　　图 6 - 2 描绘的是企业生态系统中环境不确定性与成员企业技术创新的理论框架，并将研究假设的内容，汇总在表 6 - 1 中。

表 6 - 1　研究假设汇总

序号	研究假设的内容
假设 6 - 1	企业的环境不确定性与其技术创新之间呈现正 U 形的关系
假设 6 - 2	a：给定其他条件，环境不确定性对较小规模企业技术创新的激励作用较强
	b：给定其他条件，环境不确定性对较大规模企业技术创新的激励作用较弱
假设 6 - 3	a：给定其他条件，环境不确定性对盈利能力较差企业技术创新的促进作用较弱
	b：给定其他条件，环境不确定性对盈利能力较强企业技术创新的促进作用较强

续表

序号	研究假设的内容
假设 6 - 4	a：给定其他条件，环境不确定性对非国有企业技术创新的激励作用较强
	b：给定其他条件，环境不确定性对国有企业技术创新的激励作用较弱

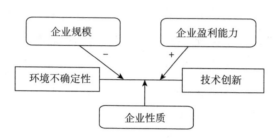

图 6 - 2　环境不确定性与技术创新的理论模型

第二节　创新要素维度的方案设计

一　样本选择

本书选取 2008 ~ 2014 年中国 A 股非金融类上市公司的截面数据为研究样本，并剔除重要变量数据不完整的上市公司；剔除低于两年连续披露企业研发 R&D 费用支出状况的上市公司，并在 1% 和 99% 水平上对连续变量进行 Winsorize 缩尾处理以排除异常值，最终获得 5525 个观测样本。相关数据均来源于国泰安数据库（CSMAR）与万得数据库（WIND）。

二　变量测度

（一）因变量

本书参照国内大多数学者的做法测度因变量，将"企业研发投入总额的自然对数"作为技术创新的衡量标准，并以 R&D 表示（温军、冯根福，2012）。此外，由于环境不确定性对技术创新的影响具有滞后性，故将 R&D 投入量滞后一期，作为因变量，用 R&D 表示。

（二）自变量

参照申慧慧等（2012）对 Ghosh 和 Olsen（2009）的环境不确定性（Environmental Uncertainty）的测度方法，首先建立 OLS 回归模型，以年度虚拟变量作为自变量，年末主营业务收入作为因变量，得出回归结果，采用扰动项的绝对值衡量过去 5 年的非正常销售收入，除以过去 5 年主营业务收入的平均值，可得未经行业调整的环境不确定性。其次用其除以同行业同年度内所有公司未经行业调整的环境不确定性的中位数，得到行业调整的环境不确定性，[①] 本部分即以此来衡量环境不确定性，并用 EU 表示。同时，对减去 EU 平均值的新变量进行平方，完成对 EU 的"对中"处理，[②] 以排除多项式回归中产生的多重共线性问题，并作为实证检验中的二次项，以 EUSQ 表示。

（三）调节变量

需分别验证企业规模、企业盈利能力和企业性质对技术创新的调节影响。在其作为调节变量时，依照 Aiken 和 West（1991）的做法，对相关数据进行一定的处理：选取变量的中位数作为区分高低组的分界线。其中：①对企业规模而言，用虚拟变量 Dum_Size 表示（大于中位数的，取值为1，代表规模较大的企业；小于中位数的，取值为 0，代表规模较小的企业）。②对企业盈利能力而言，首先计算出调整的 ROA 数值，即分年度分

---

① 现有文献对环境不确定性的衡量，主要采用两类指标：一类是主观性指标，通过调查问卷的方法获得；另一类是客观性指标，通过上市公司的二手数据获得。通过将调查高层管理者对环境不确定性水平的判断作为环境不确定性水平的替代变量，存在两个主要的缺陷：（1）高层管理者的判断不够客观，主观随意性比较大，不一定能够真实反映企业面临的环境不确定性；（2）由于成本和可调查对象的限制，这种方法适合于小样本研究，因而，研究结论的普遍性较弱。基于此，本书采用客观性指标。

② "对中"处理一般是原始数据减去变量的均值。

企业求得 ROA 过去 5 年的平均值。然后，用虚拟变量 Dum_ROA 表示企业盈利能力（大于调整的 ROA 数值中位数的，取值为 1，代表盈利能力较强的企业；小于调整的 ROA 数值中位数的，取值为 0，代表盈利能力较弱的企业）。③对企业性质而言，用虚拟变量 Control 表示，即企业的产权是属于国有还是非国有（用 0 代表国有企业，用 1 代表非国有企业）。

（四）控制变量

控制变量主要有：①"机构投资者持股比例"即为机构投资者所持有的股数占总股本的比例，以 Ins 表示；②"托宾 Q 值"定义为企业价值/总资产，即平均股价乘以股本后加上负债，再除以企业的总资产账面值，它比较真实地反映了公司的内在价值与市场价值之间的关系，以 Tobin Q 表示；③"企业规模"即为企业总资产的自然对数，以 Size 表示；④"企业的现金流状况"定义为公司货币资金的自然对数，以 Cash 表示；⑤"公司资产报酬率"即为当年净利润除以年末总资产的比值，以 ROA 表示；⑥"企业性质"定义为企业的产权性质，如果是国有企业，则取值为 0，否则，取值为 1，以 Control 表示；⑦"企业成长性"即为企业主营业务利润增长率，以 EG 表示；⑧"资产负债率"定义为负债总额/资产总额，可表示公司的财务杠杆情况，以 Debt 表示；⑨二分位行业代码，以 Industry 表示；⑩年度虚拟变量用来控制影响技术创新的年度效应，以 Year 表示。

（五）模型构建

前文已述，企业前导一期的 R&D 投入为因变量，环境不确定性（EU）及其二次项（EUSQ）为自变量，构建下述理论模型：

$$R\&D = \alpha + \beta_1 EU + \beta_2 EUSQ + \beta_3 Ins + \beta_4 Tobin\ Q + \beta_5 Size + \beta_6 Cash$$
$$+ \beta_7 ROA + \beta_8 Control + \beta_9 EG + \beta_{10} Debt + \beta_{11} Industry + \beta_{12} Year + \varepsilon$$

$$(6-1)$$

其中，α 为截距，$\beta_1 \sim \beta_{12}$ 为系数，ε 则为残差。需要说明的是，后文

在验证调节作用时，再分别加入其与环境不确定性的二次项的交互项，即 Dum_Size × EUSQ、Dum_ROA × EUSQ 和 Control × EUSQ。

本章所涉变量及其测量具体见表6－2所示的变量说明表。

表6－2　变量说明表

变量属性	变量名称及其代码	变量定义及其测量
因变量	企业 R&D 投入（R&D）	企业年度前导一期的研发费用（万元）
自变量	环境不确定性（EU）	借鉴申慧慧等（2012）的测度方法
	环境不确定性的二次项（EUSQ）	对 EU 减去 EU 平均值的新变量进行平方
调节变量	企业规模（Dum_Size）	大于中位数的，取值为1；小于中位数的，取值为0
	企业盈利能力（Dum_ROA）	大于调整 ROA 的数值中位数的，取值为1；否则，取值为0
	企业性质（Control）	国有企业，取值为0，非国有企业，取值为1
控制变量	机构投资者持股比例（Ins）	机构投资者持股数占总股本的比例
	托宾 Q 值（Tobin Q）	企业价值/总资产
	企业规模（Size）	企业总资产的自然对数
	企业现金流状况（Cash）	公司货币资金的自然对数
	公司资产报酬率（ROA）	当年净利润除以年末总资产得到的比值
	企业性质（Control）	为企业的产权性质，国有企业，取值为0；否则，取值为1
	企业成长性（EG）	企业主营业务利润增长率
	资产负债率（Debt）	负债总额/资产总额
	行业（Industry）	二分位行业代码
	年度（Year）	虚拟变量

第三节　创新要素维度的解析过程

一　描述性统计

变量的描述性统计结果见表6－3所示。据此可知：①R&D 是测度因变量（企业技术创新）的指标，其最小值为0，最大值为970987万元（约97.10亿元），是2014年中国中铁的研发费用；②变量R&D的标准差很大（10364.66），表明样本企业在R&D投入水平上差距很大，即企业的技术创新水平相差甚大；③变量EU的最小值为0.010，最大值为10.733，标准差为1.402，表明企业所面临的环境不确定性差异较大。

表6-3 研究变量的描述性统计结果

变量	观测样本	平均值	标准差	最小值	最大值	中位数
R&D	5525	6085.555	10364.660	0	970987	2891.261
EU	5525	1.233	1.402	0.010	10.733	0.830
Ins	5525	0.351	0.229	0.002	0.864	0.344
Tobin Q	5525	2.569	1.267	0.959	8.334	2.239
Size	5525	12.429	0.976	10.619	15.391	12.296
Cash	5525	10.709	0.980	8.136	13.872	10.674
ROA	5525	0.068	0.051	-0.104	0.248	0.062
Control	5525	0.664	0.472	0	1	1
EG	5525	0.167	0.261	-0.393	1.561	0.134
Debt	5525	0.392	0.203	0.039	0.871	0.383

二 数据的 T 检验

表6-4从不同年度的角度出发，首先，根据环境不确定性的中位数（0.830），将EU数值高于0.830的定为环境不确定性较高组，将EU数值低于0.830的定为环境不确定性较低组；其次，基于研发投入均值的差异比较结果，显示企业在技术创新上的差异。

根据T检验的数据结果可知，中国上市公司A股非金融企业在2008~2014年技术创新投入有所增加、技术创新能力有所提高，正如表6-4呈现的：R&D投入呈显著的上升态势。T检验结果表明，环境不确定性水平较低的组在R&D投入上都显著高于环境不确定性较高的组。此外，对总体样本也进行如上分析，得到的 T 检验差异更加显著。该 T 检验从某种程度上可以初步推断：企业生态系统的环境不确定性和成员企业的技术创新之间的关系不是简单纯粹的正相关或者负相关的线性关系，因此初步支撑了本章理论假设中提出的正 U 形关系。

表 6 - 4　环境不确定性与技术创新的 T 检验

年度	小于均值（中位数组）	大于均值（中位数组）	T 值
2008	3410.496	1709.532	3.8031***
2009	4313.866	1843.642	5.1274***
2010	5906.637	2039.107	8.8703***
2011	7185.176	2678.705	9.2605***
2012	10410.45	3000.198	13.7197***
2013	11674.31	3504.285	14.5010***
2014	12532.57	3836.977	15.5901***
总样本	9165.72	3005.391	27.4759***

注：*、** 与 *** 分别表示 10%、5% 与 1% 的显著性水平（双尾检验）。

三　相关性分析

在进行多元回归分析之前，本章对研究变量之间的相关性进行了初步分析，并得到了表 6 - 5 所示的相关系数矩阵（下三角为 Pearson 相关系数，上三角为 Spearman 相关系数）。结果显示：①R&D 与 EU 的相关系数为负，并且关系显著（$p < 0.01$）；②被解释变量 R&D 与多数控制变量在 1% 水平上显著相关；③除了存在自变量和因变量的相关性以外，自变量之间也有一定的相关性。故而，在进行 OLS 回归之前，先考虑变量的多重共线性问题，对其进行方差膨胀因子（VIF）检验，如表 6 - 6 的结果所示，自变量的 VIF 最大值为 4.18，远低于 VIF = 10 的阈值，即表明本章的模型通过了多重共线性检验。

表 6 – 6　方差膨胀因子检验

变量	VIF	1 / VIF
EU	1.44	0.696
Ins	1.27	0.787
Tobin Q	1.65	0.605
Size	4.18	0.239
Cash	2.41	0.415
ROA	1.52	0.658
Control	1.29	0.776
EG	1.15	0.873
Debt	2.08	0.480
Mean VIF	1.89	

四　回归结果与分析

（一）主效应分析

在对变量进行相关性分析之后，为了实证检验前文的研究假设，本章根据前述理论模型，采用 OLS 回归。得到环境不确定性与企业技术创新关系的回归分析结果（见表 6 – 7）。OLS 模型 1 和 OLS 模型 2 均为以 R&D 的自然对数为因变量的回归。其中，在模型 1 中未对行业（Industry）和年份（Year）进行控制，环境不确定性的二次项（EUSQ）系数为 0.043（$p < 0.01$），并在 1% 水平上显著为正，根据抛物线性质可知，环境不确定性与技术创新之间呈现正 U 形关系。此外，环境不确定性（EU）的系数为 – 0.355（$p < 0.01$），在 1% 水平上显著为负，即抛物线的对称轴为正，再加上截距项为 2.67（$p < 0.01$），可算出该 U 形曲线的拐点为正。在模型 2 中对 Year 和 Industry 进行了控制以后，EU 的二次项（EUSQ）系数显著为正（$p < 0.01$），而 EU 的系数显著为负（$p < 0.01$），即表明环境不确定性与技术创新的正 U 形关系依然成立。

表 6 - 5　研究变量的相关系数矩阵

变量	R&D	EU	Ins	Tobin Q	Size	Cash	ROA	Control	EG	Debt
R&D	1	-0.4071***	0.193***	-0.1223***	0.412***	0.3442***	0.1027***	-0.0284***	0.0429	0.0828***
EU	-0.2539***	1	-0.3028***	0.3609***	-0.7152***	-0.4814***	-0.0776***	0.3063***	-0.0056	-0.463***
Ins	0.2175***	-0.2398***	1	-0.0874***	0.3634***	0.2176***	0.0821***	-0.3141***	0.037***	0.2373***
Tobin Q	-0.1262***	0.2655***	-0.0574***	1	-0.5398***	-0.2198***	0.4051***	0.2585***	0.2358***	-0.4958***
Size	0.4588***	-0.5142***	0.3699***	-0.4608***	1	0.6597***	-0.044*	-0.3598***	-0.0344*	0.5403***
Cash	0.3941***	-0.3448***	0.2315***	-0.1795***	0.699***	1	0.1539***	-0.1581***	0.0637***	0.0959***
ROA	0.0698***	-0.08***	0.1116***	0.4022***	-0.0281**	0.1631***	1	0.163***	0.3667***	-0.2938***
Control	-0.1182***	0.2308***	-0.3124***	0.2183***	-0.3753***	-0.1736***	0.1486***	1	0.0993***	-0.3631***
EG	0.0009	-0.0032	0.0355***	0.2012***	-0.0199	0.0585***	0.3109***	0.0915***	1	-0.0455*
Debt	0.1767***	-0.3717***	0.231***	-0.4425***	0.5433***	0.1288***	-0.2977***	-0.3678***	-0.0219*	1

注：下三角为 Pearson 相关系数，上三角则为 Spearman 相关系数；*、**与***分别表示 10%、5%与 1%的显著性水平（双尾检验）。

假设 6 - 1 得到实证结果的支持。表明企业生态系统的环境不确定性水平对 R&D 投入有显著的负效应，即随着环境不确定水平的提高，企业受环境制约，技术创新水平也会不断降低；但这种效应是边际递减的，即当环境不确定性水平达到临界值时，受制于企业管理者对创新的态度、行业的预判以及对整个企业生态系统的观测等，企业的技术创新强度开始上升。这验证了环境不确定性和创新投入之间存在正 U 形关系。随着环境不确定性的提升，企业由于路径依赖的影响，以及对整个行业环境变迁和发展趋势的观望态度，创新动力不足。但在物联网时代，创新技术的运用使得许多互联网企业出现并迅速成长为互联网平台型企业，形成了以技术平台为核心的企业生态系统，从而吸引来自不同行业的各类企业融入这个企业生态圈进行共同创新、共同创造，并实现了共同演化，维持了企业生态系统的成长和繁荣。

当然，一个企业生态系统的出现会对原有的行业产生更多的未知影响和环境不确定性。因此，当环境不确定性达到一定水平，由于企业认识到互联网的作用以及企业生态系统的发展，在此情形下，反而会鼓励企业进行技术创新的投入，提高创新动力，融入新兴的企业生态系统中去实现共同创新，同时实现了对原有企业模式和技术的颠覆和创新。

表 6 - 7　环境不确定性与技术创新关系的回归结果

变量	R&D	
	OLS 模型 1	OLS 模型 2
截距项	2. 67 *** (0. 326)	2. 64 *** (0. 330)
EU	- 0. 355 *** (0. 023)	- 0. 405 *** (0. 023)
EUSQ	0. 043 *** (0. 004)	0. 048 *** (0. 004)
Ins	0. 450 *** (0. 076)	0. 299 *** (0. 075)

变量	R&D	
	OLS 模型 1	OLS 模型 2
Tobin Q	0.026	0.077***
	(0.016)	(0.017)
Size	0.324***	0.248***
	(0.034)	(0.035)
Cash	0.160***	0.171***
	(0.025)	(0.025)
ROA	0.502	1.170***
	(0.365)	(0.359)
Control	0.281***	0.188***
	(0.037)	(0.037)
EG	0.178***	0.286***
	(0.063)	(0.064)
Debt	−1.019***	−0.725***
	(0.109)	(0.109)
Industry		
Year		
观察样本	5525	5525
R^2	0.223	0.263
F 值	175.75	130.97

注：括号内数值为回归系数的标准差；*、**与***分别表示10%、5%与1%的显著性水平，下同。

（二）调节效应分析

接下来，我们进一步检验企业规模、企业盈利状况和企业性质的调节效应。本章通过构建分层回归模型，得到表6-8所示的回归结果。

（1）成员企业规模的调节效应

表6-8中的模型1为企业规模调节效应的OLS模型，为了检验差异，我们在回归中加入了Dum_Size × EUSQ的交互项，其中Dum_Size是虚拟变量（大于企业规模中位数的，取值为1；反之，取值为0）。在结果中可以看到，环境不确定性的系数为−0.405（p < 0.01），其二次项的

系数为 0.047（p < 0.01），从而验证了企业生态系统的环境不确定性与各成员企业的技术创新之间存在正 U 形关系。交互项 Dum_Size × EUSQ 系数为 0.008，但不显著，表明企业规模对环境不确定性和技术创新之间的关系并未产生显著的调节作用，假设 6 - 2 未得到证实。

表 6 - 8　环境不确定性与技术创新关系的调节效应

变量	模型 1	模型 2	模型 3
截距项	2.643 *** (0.076)	2.653 *** (0.332)	2.635 *** (0.329)
EU	-0.405 *** (0.023)	-0.404 *** (0.023)	-0.409 *** (0.0233)
EUSQ	0.047 *** (0.004)	0.046 *** (0.005)	0.061 *** (0.0096)
Ins	0.298 *** (0.075)	0.296 *** (0.075)	0.292 *** (0.075)
Tobin Q	0.077 *** (0.017)	0.074 *** (0.017)	0.077 *** (0.0168)
Size	0.247 *** (0.035)	0.254 *** (0.035)	0.245 *** (0.035)
Cash	0.171 *** (0.025)	0.167 *** (0.025)	0.173 *** (0.026)
ROA	1.168 *** (0.359)	1.132 *** (0.363)	1.169 *** (0.359)
Control	0.188 *** (0.037)	0.188 *** (0.037)	0.203 *** (0.038)
EG	0.286 *** (0.064)	0.285 *** (0.064)	0.286 *** (0.064)
Debt	-0.726 *** (0.109)	-0.725 *** (0.109)	-0.723 *** (0.109)
Dum_Size × EUSQ	0.008 (0.009)		
Dum_ROA × EUSQ		0.003 (0.0049)	

变量	模型 1	模型 2	模型 3
$Control \times EUSQ$			0.034 *** （0.009）
N	5525	5525	5525
R^2	0.2656	0.2656	0.2658
F 值	117.13	117.15	117.30

　　究其背后的原因，主要在于外部环境变迁促进了企业生态系统的形成。然而，在企业生态系统中，有平台型、骨干型的大规模企业，也有利基型的小规模企业。但是不论企业规模的大小，企业生态系统的每个成员企业在整个系统的技术创新方面都发挥着积极的作用，都进行着基于核心平台的技术创新，从而实现共同创新和演化。因此，在面对外部环境不确定性时，处于企业生态系统中的所有企业，无论是大型企业，还是中小型企业，它们对研发投入的态度和战略决策是一致的，并不会因企业规模的大小而有差异性的表现。

　　（2）成员企业盈利能力的调节效应

　　我们在回归中加入了 $Dum\_ROA \times EUSQ$ 检验影响的差异性。回归结果如表 6 - 8 的模型 2 所示。模型 2 中，环境不确定性的系数为 - 0.404（p < 0.01），二次项系数为 0.046（p < 0.01），均在 1% 水平上显著，再次验证了其正 U 形的曲线关系。交互项 $Dum\_ROA \times EUSQ$ 的系数为 0.003，仍然不显著。结果表明盈利能力不同的企业，环境不确定性对技术创新的影响不存在显著差异，换言之，不论高盈利的企业还是低盈利的企业，它们在面对环境不确定性时，对企业技术创新的差异不大，假设 6 - 3 也没得到证实。

　　追溯其背后原因，在传统工业经济时代，企业的技术创新是一种主动行为，随着企业盈利能力的增强，企业在研发等方面的技术创新投入会相应增加。然而，在物联网时代企业生态系统的形成是一种自组织行为，生态系统中的企业不论规模大小、盈利强弱，都需要实施调整自身的战略行为和进行创新投入，适应互联网时代经济特点和消费主张，以技术创新者的身份融入企业生态圈。由此而言，不论企业盈利能力强弱，都必须为了适应新兴企业生态系统的"共同创新"目标而进行相应的技术创新。故而，在企业生态系统的环境不确定性与成员企业的关系中，企业盈利能力并未产生正向调节影响。

（3）成员企业性质的调节效应

在表6-8的模型3中，我们加入了交互项 Control × EUSQ，其中企业性质为虚拟变量（1代表非国有产权性质，0代表国有产权性质）。回归结果显示：①通过 EU 和 EUSQ 的系数符号可知，环境不确定性与技术创新依然呈现正 U 形关系；②交互项 Control × EUSQ 的系数为 0.034（p < 0.01），即在 1% 水平上显著为正。结果表明，环境不确定性对技术创新的影响会因为企业不同的产权性质而存在显著差异，即在面对环境不确定性时，相对于国有企业而言，非国有企业更具有创新的积极性。而国有企业的管理者对环境不确定性的感知度较低，相较于非国有企业的管理者，其更厌恶与创新相关的风险（Tan，2013）。此外，国有企业拥有控制权的管理者之所以对企业研发和技术创新等较为消极且不愿意承担较高风险，究其原因是未对管理者实施所有权的激励。因此非国有企业（比如民营企业）具有更强的创新能力，产权性质对环境不确定性和技术创新的关系具有显著的调节效应，假设6-4得到证实。表6-9对实证结果进行如下总结。

表 6-9 实证结果汇总

NO	研究假设的内容	实证结果
假设 6-1	企业的环境不确定性与其技术创新之间呈现正 U 形的关系	显著
假设 6-2	a：其他条件一定，环境不确定性对较小规模企业技术创新的激励作用较强	不显著
	b：其他条件一定，环境不确定性对较大规模企业技术创新的激励作用较弱	不显著

NO	研究假设的内容	实证结果
假设 6 - 3	a：其他条件一定，环境不确定性对盈利能力较差企业技术创新的促进作用较弱	不显著
	b：其他条件一定，环境不确定性对盈利能力较强企业技术创新的促进作用较强	不显著
假设 6 - 4	a：其他条件一定，环境不确定性对非国有企业的技术创新激励作用较强	显著
	b：其他条件一定，环境不确定性对国有企业技术创新激励作用较弱	显著

第四节　创新要素维度的结果检验

一　内生性检验

为了处理环境不确定性与技术创新可能存在的内生性问题，本章定义的工具变量为"分行业分年度的环境不确定性的平均值（InstruEU）"，并进行两阶段最小二乘回归（2SLS），从而对环境不确定性和技术创新（R&D + 1 的自然对数）之间的影响关系进行考察。表 6 - 10 显示了在控制变量被控制的情况下，所得到的两阶段最小二乘回归结果，可以看到，环境不确定性的二次项（EUSQ）系数为 0.067（$p < 0.01$），即显著为正；一次项（EU）系数为 - 0.552（$p < 0.01$），即显著为负，其结果与表 6 - 7 的回归结果完全一致，这表明，环境不确定性与技术创新之间可能存在的内生性问题被排除以后，仍然可以得到它们之间的正 U 形关系。

表 6 - 10　两阶段最小二乘回归和稳健性检验

变量	2SLS	稳健性检验
EU	- 0.552 *** (0.116)	- 0.392 *** (0.020)
EUSQ	0.067 *** (0.017)	0.043 *** (0.004)

变量	2SLS	稳健性检验
N	5525	5525
R^2	0.2575	0.2677
F 值	111.32	177.65

二　稳健性检验

本章对变量实施了替代指标的稳健性检验，再次重复检验实证分析结果的稳健性，以提高研究的可信度。在所有控制变量得到控制的情形之下，以 R&D 自然对数（lnR&D）替换代理变量，作为因变量，然后进行回归（结果见表 6 - 10 右侧），所得 EUSQ 的系数仍为正，EU 的系数仍为负，且均在 1% 的水平上显著，即本章的研究结论具有一定的稳健性。

第五节　创新要素维度的小结

本章对中国 A 股非金融类上市公司 2008 ~ 2014 年 5525 个观测样本进行分析和研究，验证了企业生态系统中外部环境不确定性与成员企业的技术创新之间存在正 U 形关系。在此基础上，分析了成员企业的盈利能力、企业规模以及国有和非国有企业的性质对正 U 形关系的调节效应。

回归结果显示，企业生态系统中的环境不确定性与各企业成员的技术创新确实存在正 U 形关系，即当企业生态系统的外部环境不确定性较低时，成员企业会随着环境不确定性的增加而减少与技术创新相关的投资活动，而当达到一定临界值时情况会发生逆转，成员企业反而会随着环境不确定性的增加而增加企业技术创新投入。更进一步，对三个调节变量的验证结果显示，成员企业的盈利能力和企业规模并未对环境不确定性与成员企业技术创新之间的正 U 形关系产生影响，然而成员企业的性质，即非国有成员企业比国有成员企业具有更强的技术创新投入意愿和倾向。

企业生态系统的概念是由 J. F. Moore 于 1993 年提出的，用以描述随着技术的发展，产业的边界变得模糊并且跨产业的企业通过协同合作形成具有与自然生态系统相似功能的企业生态系统。在互联网技术和物联网快速发展的情形下，众多企业围绕平台核心企业的关键技术解决方案而进行跨产业合作加速了众多企业生态系统的形成和发展。企业生态系统没有明显的界线、其成员企业没有固有的特征和行业限制，并且企业生态系统之间也会相互竞争，经历由初生期、拓展期、领导期到自更新的生命周期。

物联网时代的最主要特征是外部商业环境的快速变迁以及企业技术的不断更迭，企业面临着高度的环境不确定性且持续时间较长、不确定性因素难以预期和衡量。当环境开始出现动荡和不确定性的时候，只有少数的企业会敏锐地观察到潜在的市场需求以及新兴产业出现的机会，因此，其会积极投入技术创新的研发活动中。而大多数企业因环境和市场的模糊性会自发地减少对研发等技术创新的投入，处于观望和停滞的状态。

随着环境不确定性的进一步增加，原有的产业岌岌可危、原有的商业模式开始无法满足市场需求，核心企业由于持续不断的技术创新促进企业生态系统的结构和规模初步形成。因此，当企业生态系统的外部环境不确定性达到一定的临界值时，大多数企业开始放手一搏，纷纷围绕核心企业的技术平台或技术解决方案进行互补型技术创新投入，创造差异性强的利基型价值。在新兴的企业生态系统中，成员企业不分规模、盈利能力，都会自发地进行市场判断和做出技术创新决策，通过竞争合作的方式促进企业生态系统的共同创新和演化。

| 第七章 |

总结与提升

本章为全书的结论和展望部分。总结本书的主要研究结论、理论价值以及管理启示，继而对存在的局限性和不足之处进行讨论并提出未来的研究方向。

第一节　多维度解析的回顾

物联网（IoT）广泛应用于网络融合中，推动了互联网的演化以及信息产业新一轮的革命浪潮（Manyika et al.，2013）。现阶段，物联网正在被广泛应用于多个行业，并以智能交通、智能物流以及智能家居等形式展现，改变了传统的经济模式和商业模式，也改变着人们的生活方式。本书以物联网时代为背景探究物联网与企业生态系统之间的关联，借此分析企业生态系统的特征要素、结构要素、动态演化和创新要素四个维度特性。同时，以广泛应用互联网技术和在物联网兴起的时代背景下的互联网企业和传统企业为研究对象，运用文献计量与理论分析相结合、扎根分析和案例分析相结合的定性方法及大样本统计的定量方法，探究物联网时代企业生态系统的多维度特性。

（一）物联网时代企业生态系统的特征要素有哪些？

本书以特征要素为突破口，选取了三个互联网企业（滴滴出行、百事通、腾讯）和一个实现互联网转型的传统企业海尔作为分析对象，运用程序化扎根分析中的规范编码程序解析案例企业，整合了企业生态系统特征的相关描述和概念，采用多案例扎根研究方法，对物联网时代下涌现的企业生态系统特征进行系统分析。

研究的主要发现如下。①企业生态系统的6个范畴"环境要素"、"成员要素"、"竞合要素"、"创新要素"、"运行要素"以及"演化要素"及其范畴之间的逻辑关联。"环境要素"可归类于"环境变迁"，体现企业生态系统是在外部商业环境变迁的压力下产生的；"成员要素"、"创新要素"和"竞合要素"可归类于"系统构建"这一主范畴，体现企业生态系统的成员企业通过竞合方式组合在一起增强创新能力；"运行要素"和"演化要素"则归类于"生态发展"，体现企业生态系统在成员企业在自组织形式下维系了系统的正常运行并推动系统沿着生命周期的阶段健康发展。在此基础上构建了企业生态系统特征要素的理论模型。②互联网技术和物联网因素会导致外部环境变迁，核心企业可以通过提供关键技术解决方案，吸引多种类型成员自发组织形成企业生态系统，成员以竞合机制相互依赖和协同发展，实现共同创新，推进企业生态系统的有效运行并随着外部环境的变化和市场需求的满足，使系统按照生命周期阶段不断进行演化，向前发展。物联网时代催生了众多创新的企业生态系统，本书归纳的六个特征要素有助于判断物联网时代背景下某企业群落是否能满足企业生态系统的特征。

（二）物联网时代企业生态系统的成员结构和战略类型是什么？

本书以企业生态系统的成员结构和战略类型为核心，采用多案例研究方法，选取移动计算产业中的四家典型案例企业（安卓、腾讯、中国移动和小米科技）进行资料搜集和处理，以复制逻辑和差别复制的方法进行数据分析，阐释了企业生态系统的战略结构，构建了"战略结构"模型。

研究的主要发现如下。①移动计算企业生态系统成员面临着高度的环境不确定性和技术的未知性。环境不确定性和技术的未知性是移动计算企业生态系统面临的最严峻的问题，目前没有广为接受的产品解决方案，需要合作伙伴高度互通进行主导设计。为了鼓励合作伙伴参与和贡献，网络组织需要设计灵活的进入和退出机制。②移动计算企业生态系统具有调整、适应和融合的自组织行为模式。在调整了合作战略之后，案例企业复制了其他企业生态系统中的战略，企业通过相互学习后，使生态系统的合作伙伴融合到新的行业之中。③移动计算企业生态系统中的核心企业实施平台战略，非核心企业则实施嵌入战略。移动计算企业生态系统中的核心企业被认为是一类拥有技术平台的企业，采取平台互用策略鼓励其他合作伙伴加入并基于平台资源开发新的产品。非核心企业开始建立特殊的平台，通过整合其他非核心企业的能力，共同为平台提供综合解决方案，从而赢得竞争优势。

（三）物联网时代企业生态系统的动态演化过程会怎样？

本书以企业生态系统的动态演化为核心，采用单案例纵向研究方法，通过对成功实施互联网转型的海尔集团进行单案例纵向研究，构建了企业生态系统动态演化的"动因—路径—结果"模型。通过对海尔30余年发展历程中的5次战略变革以及建立的7个平台进行分析，探究了企业生态系统生命周期动态演化的动因、过程、结果以及平台的驱动作用，从而构建动态演化模型。

研究发现了企业生态系统的内在运行机制：①企业外部竞争环境的变化导致竞争性资源发生改变，企业受制于某些外部资源，不断进行战略变革；②为了减少对外部资源（有形资源、无形资源）的依赖，企业或主动或被动地采取回应策略，以减弱资源拥有方的权力控制；③在策略实施过程中，对企业的内外部资源进行整合，从而形成新的能力和竞争优势；④资源整合使更多的利益相关者加入企业生态系统，促进其成员结构变化，这种变化也最终导致成员间相互关系及整个企业生态系统功能的改变。

（四）物联网时代企业生态系统的技术创新与环境存在何关系？

第六章以企业生态系统的共同创新为研究核心，针对中国 A 股非金融上市公司 2008～2014 年截面数据的 5525 个观测样本进行研究，实证检验了企业生态系统的环境不确定性与各企业成员的技术创新之间的正 U 形关系，在此基础上，分析了成员企业的盈利能力强弱、企业规模大小以及国有和非国有企业性质对正 U 形关系的调节效应。

回归结果显示：①企业生态系统的环境不确定性与各企业成员的技术创新确实存在正 U 形的关系，即当企业生态系统的外部环境不确定性较低的时候，成员企业会随着环境不确定性的增加而减少对技术创新的相关投资活动，而当达到一定临界值时情况会发生逆转，成员企业反而会随着环境不确定性的增加而增加企业技术创新的投入；②更进一步，对三个调节变量的验证结果显示，成员企业的盈利能力强弱和企业规模大小并未对环境不确定性与成员企业技术创新之间的正 U 形关系产生影响，然而成员企业的企业性质，即非国有企业比国有企业具有更强的技术创新投入意愿和倾向。

当环境开始出现动荡和不确定性的时候，只有少数的企业会敏锐地观察到潜在的市场需求以及新兴产业出现的机会，从而积极投入技术创新的研发活动中。这时候的大多数企业因环境和市场的模糊性而自发地减少对研发等技术创新的投入，处于观望和停滞的状态。随着环境不确定性的进一步增加，原有的产业岌岌可危、原有的商业模式开始无法满足市场需求，而核心企业不断地进行技术创新，逐渐形成创新的企业生态系统。故而，当环境的不确定性达到一定的临界值时，大多数企业开始放手一搏，纷纷围绕核心企业的技术平台或技术解决方案进行互补型技术创新的投入，创造具有差异化的利基型价值。在新兴的企业生态系统中，成员企业不分规模大小、盈利能力强弱，都会自发地进行市场的判断和技术创新投入决策，通过竞争合作的方式促进企业生态系统的共同创新和演化。

第二节　多维度解析的贡献

本书主要有以下几个方面的理论贡献。

第一，扩展了关于物联网时代企业生态系统的相关研究。现阶段关于物联网企业生态系统的研究处于起步阶段且研究成果十分有限，仅聚焦于物联网技术、物联网的商业应用、社交网络等，并没有太多研究从企业生态系统视角分析物联网形成的复杂网络系统的多维度特性。因此，本书以企业生态系统的视角分析物联网时代形成的复杂网络系统的特性，从特征要素、结构要素、动态演化、创新要素几个维度对物联网时代的企业生态系统进行探究，并提出一个理论研究的整合框架。

第二，突破了现阶段研究企业生态系统的理论视角。在企业生态系统研究领域，学者多从生态视角（Moore，1993，1996；Iansiti，2004a，2004b）、复杂系统视角（Peltoniemi，2006）、创新视角（Adner，2004，2006；Chesbrough，2003）、平台视角（Gawer，2007）研究企业生态系统，本书根据近年互联网技术的发展和物联网兴起的现实背景，将物联网时代背景与企业生态系统融合在一起展开研究。

第三，丰富了现阶段企业生态系统领域的研究方法。本书采用混合研究方法分析物联网时代企业生态系统这个核心议题，主要有文献计量、扎根研究、多案例研究、单案例纵向研究以及大样本统计研究等方法。由于企业生态系统的商业实践较为突出且结构松散，本书首先采用扎根研究和案例研究方法揭示物联网时代企业生态系统的特征、结构和动态演化，其次使用大样本统计分析企业生态系统的外部环境不确定性与成员企业技术创新的互动关系。

第四，清晰地展现了企业生态系统的共性特征并构建了"特征要素"理论模型。

本书采用程序化扎根研究方法发掘企业生态系统"环境要素"、"成员要素"、"竞合要素"、"创新要素"、"运行要素"和"演化要素"六个范畴以及范畴之间的逻辑关系。这一特征要素模型丰富了企业生态系统系统层面和成员层面特征，比如创新性、复杂性、适应性等，提出了一个整合的特征要素模型。

第五，简化了企业生态系统战略类型的传统分类方法。突破了 Iansiti 和 Levien（2004a）关于企业生态系统四种战略模式"骨干型战略—利基型战略—坐收渔利型战略—支配主宰型战略"的观点，结合互联网和物联网战略特征，将其简化为平台战略和嵌入战略两种战略模式。

本书的研究为物联网时代互联网企业和传统企业制定战略决策提供了借鉴。互联网企业强调进行跨产业竞争合作，实现共同创新并协同构建企业生态系统。在物联网时代，单个企业很难具备满足市场需求的所有能力和资源，而企业相互合作并构建创新共赢的企业生态系统将成为未来产业的发展趋势。在这个共生共荣的企业生态系统中，互联网企业扮演着平台型企业、核心型企业及互补型企业等多种角色，并实施平台战略和嵌入战略。作为传统企业，加入以互联网企业为核心的创新企业生态系统并非唯一出路。传统企业可以根据自身的资源优势，通过对组织结构、产品及流程等进行转型再造，搭建平台吸引合作伙伴协同共建企业生态系统。

第三节 多维度解析研究的提升

本书从企业生态系统的视角，研究物联网时代企业生态系统的特征要素、结构要素、动态演化和创新要素四个维度特性，并通过混合研究方法进行实证分析。本书在数据搜集、处理、挖掘和分析过程中尽可能地保证研究的信度和效度，但仍然存在一些主观因素和客观因素导致研究存在一定的局限性和不足之处，具体而言有以下几方面。

首先，本书主要探讨企业生态系统中成员企业的运行机制，未研究其他组织群体的特性。正如有学者所言，企业生态系统是一个松散耦合且具有自组织特征的复杂经济体，成员组织既包括共同参与创新的企业，也包括政府、银行、标准制定机构和顾客等，限于篇幅，本书并未涉及这些内容。

其次，数据资料受限，仅限于搜集案例和利用一些样本数据，主要是上市企业的数据，数据需要扩展。

最后，样本统计分析中测度指标单一化。本书虽然选择万得数据库（WIND）和国泰安数据库（CSMAR），然而一些测度指标有待进一步完善和加强。

未来研究思路：第一，可综合考虑企业生态系统成员的多样性，更清晰地展示成员结构和内在运行机制；第二，可对不同行业的案例企业进行长期跟踪调研，考察其所在企业生态系统的动态演化过程；第三，在案例数据搜集过程中尽可能充分地进行企业实地调研，通过直接观察和深度访谈采集更加有效的案例素材；第四，可以加入更多关于企业生态系统的测量指标和量表，并通过调查问卷的形式搜集数据进行实证检验，使企业生态系统研究实现定量化和实证化；第五，可以选择更广泛的理论视角，促进企业生态系统理论的应用和发展；第六，可以结合本书提出的整合理论框架展开更加深入的研究，为物联网时代企业的跨产业合作和战略决策制定贡献智慧。

参考文献

陈超美、陈悦、侯剑华：《CiteSpace Ⅱ：科学文献中新趋势与新动态的识别与可视化》，《情报学报》2009 年第 3 期。

陈丰、许敏：《企业 R&D 投入与盈利能力关系的实证研究》，《科技管理研究》2010 年第 22 期。

陈劲、景劲松、吴沧澜等：《我国企业技术创新国际化的模式及其动态演化》，《科学学研究》2003 年第 3 期。

成思危：《复杂科学与管理》，《南昌大学学报：人文社会科学版》2000 年第 3 期。

程胜：《技术创新与产业集群系统演化》，《合肥工业大学学报》（社会科学版）2005 年第 2 期。

党兴华、李玲、张巍：《技术创新网络中企业间依赖与合作动机对企业合作行为的影响研究》，《预测》2010 年第 5 期。

费小冬：《扎根理论研究方法论：要素、研究程序和评判标准》，《公共行政评论》2008 年第 3 期。

傅家骥：《技术创新学》，清华大学出版社，2006。

郭红卫、王竹园：《企业技术创新网络进化中的合作博弈分析》，《当代经济管理》2009 年第 1 期。

韩福荣、徐艳梅：《企业仿生学》，企业管理出版社，2002。

贺团涛、曾德明、张运生：《高科技企业创新生态系统研究评述》，《科学学与科学技术管理》2008 年第 10 期。

胡斌、李旭芳：《复杂多变环境下企业生态系统的动态演化及运作研究》，同济大学出版社，2013。

黄鲁成：《区域技术创新生态系统的特征》，《中国科技论坛》2003 年第 1 期。

黄鲁成：《区域技术创新生态系统的制约因子与应变策略》，《科学学与科技管理》2006 年第 11 期。

黄学军、吴冲锋：《不确定环境下研发投资决策的期权博弈模型》，《中国管理科学》2006 年第 5 期。

贾根良：《复杂性科学革命与演化经济学的发展》，《学术月刊》2006 年第 2 期。

贾蔚文：《关于国家创新系统的几个问题》，《中国软科学》1999 年第 2 期。

李朝霞：《企业进化机制研究》，北京图书馆出版社，2001。

李妹、高山行：《环境不确定性、组织冗余与原始性创新的关系研究》，《管理评论》2014 年第 1 期。

李苗苗、肖洪钧、傅吉新：《财政政策、企业 R&D 投入与技术创新能力——基于战略性新兴产业上市公司的实证研究》，《管理评论》2014 年第 8 期。

李伟铭、崔毅、陈泽鹏等：《技术创新政策对中小企业创新绩效影响的实证研究——以企业资源投入和组织激励为中介变量》，《科学学与科学技术管理》2008 年第 9 期。

李湘桔、詹勇飞：《创新生态系统——创新管理的新思路》，《电子科技大学学报》（社科版）2008 年第 1 期。

梁运文、谭力文：《商业生态系统价值结构、企业角色与战略选择》，《南开管理评论》2005 年第 1 期。

刘巧绒、王礼力、杨冬民：《基于循环经济的生态化技术创新实现机制》，

《中国科技论坛》2010 年第 2 期。

刘友金、易秋平：《技术创新生态系统结构的生态重组》，《湖南科技大学
学报》（社会科学版）2005 年第 8 期。

楼园、赵红：《企业生态系统模型及非生物环境分析》，《数量经济技术经
济研究》2002 年第 3 期。

卢中华、李岳云：《企业技术创新系统的构成、演化与优化分析》，《经济
问题探索》2009 年第 1 期。

栾永玉：《高科技企业跨国创新生态系统：结构、形成、特征》，《财经理
论与实践》2007 年第 9 期。

罗绍德、刘春光：《企业 R&D 投入活动的影响因素分析——基于企业财
务资源观》，《财经理论与实践》2009 年第 1 期。

吕玉辉、丁厂青：《基于生态意义的企业技术创新系统演进》，《技术与创
新管理》2006 年第 3 期。

〔美〕马尔科·扬西蒂、罗伊·莱维恩：《共赢——商业生态系统对企业
战略、创新和可持续性的影响》，王凤彬、王保伦等译，商务印书
馆，2006。

毛荐其、俞国方：《技术创新进化研究综述》，《科研管理》2005 年第
9 期。

聂辉华、谭松涛、王宇锋：《创新、企业规模和市场竞争：基于中国企业
层面的面板数据分析》，《世界经济》2008 年第 7 期。

彭盾：《复杂网络视角下的高技术企业技术创新网络演化研究》，湖南大
学，2010。

邱屹峰：《汽车制造业自主创新生态系统建模与仿真研究》，中国海洋大
学，2009。

申慧慧、于鹏、吴联生：《国有股权、环境不确定性与投资效率》，《经济
研究》2012 年第 7 期。

石新泓：《创新生态系统：IBM Inside》，《商业评论》2006 年第 8 期。

舒丽涛：《中小企业技术创新网络构建——基于社会资本理论的视角》，
《商场现代化》2010年第3期。

孙冰：《企业技术创新动力研究》，哈尔滨工程大学，2003。

孙冰：《企业技术创新动力的理论研究综述》，《现代管理科学》2008年
第4期。

王晨、王新红：《高新技术企业R&D投入与盈利能力的相关性研究》，
《技术与创新管理》2011年第1期。

王钦、赵剑波：《价值观引领与资源再组合：以海尔网络化战略变革为
例》，《中国工业经济》2014年第11期。

王晓东、蔡美玲：《基于自组织理论的我国高技术产业技术创新系统演化
分析》，《科技管理研究》2009年第7期。

王兴元：《商业生态系统理论及其研究意义》，《科技进步与对策》2005
年第2期。

魏江、许庆瑞：《企业技术能力与技术创新能力的协调性研究》，《科学管
理研究》1996年第4期。

魏江、郑小勇：《关系嵌入强度对企业技术创新绩效的影响机制研究——
基于组织学习能力的中介性调节效应分析》，《浙江大学学报》2010
年第9期。

魏炜、朱武祥：《发现商业模式》，机械工业出版社，2010。

温军、冯根福：《异质机构、企业性质与自主创新》，《经济研究》2012
年第3期。

夏清华：《从资源到能力：竞争优势战略的一个理论综述》，《管理世界》
2002年第4期。

夏清华：《国外企业家创新研究的前沿跟踪》，武汉大学出版社，2011。

夏清华：《商业模式的要素构成与创新》，《学习与实践》2013年第
11期。

肖婷、李垣：《风险承担与环境不确定对新产品开发的研究》，《科学学研

究》2010 年第 7 期。

谢凤华、姚先国、古家军：《高层管理团队异质性与企业技术创新绩效关系的实证研究》，《科研管理》2008 年第 11 期。

徐传谌、唐晓燕：《企业规模与技术创新关系研究综述》，《科技管理研究》2011 年第 8 期。

徐建彬：《企业生态系统发展与评价研究》，山西大学，2009。

姚洋：《非国有经济成分对我国工业企业技术效率的影响》，《经济研究》1998 年第 12 期。

原磊：《商业模式分类问题研究》，《中国软科学》2008 年第 5 期。

袁建国、程晨、后青松：《环境不确定性与企业技术创新——基于中国上市公司的实证研究》，《管理评论》2015 年第 10 期。

〔美〕詹姆斯·弗·穆尔：《竞争的衰亡——商业生态系统时代的领导与战略》，梁骏、杨飞雪、李丽娜译，北京出版社，1999。

张焱、张锐：《企业生态系统的构成及运行机制研究》，《科技管理研究》2005 年第 3 期。

张运生：《高科技企业创新生态系统边界与结构解析》，《软科学》2008 年第 1 期。

赵昌文、许召元：《国际金融危机以来中国企业转型升级的调查研究》，《管理世界》2013 年第 4 期。

Adner, R., Kapoor, R., "Value Creation in Innovation Ecosystems: How the Structure of Technological Interdependence Affects Firm Performance in New Technology Generations", *Strategic Management Journal* 31 (3), 2010.

Adner, R., Kapoor, R., "Innovation Ecosystems and the Pace of Substitution: Re-examining Technology S-curves", Strategic Management Journal 37 (4), 2016.

Adner, R., Snow, D. C., "'Old' Technology Responses to 'New' Technology Threats: Demand Heterogeneity and Graceful Technology Retreats",

Social Science Electronic Publishing 19 (5), 2009.

Adner, R., "A Demand-based Perspective on Technology Life Cycle", *Advances in Strategic Management* 21 (1), 2004.

Adner, R., "Match Your Innovation Strategy to Your Innovation Ecosystem", *Harvard Business Review* 84 (4), 2006.

Aiken, L. S., West, S. G., Multiple Regression: Testing and Interpreting Interactions (Newbury Park, CA: Sage, 1991).

Aghion, P., Van Reenen, J., Zingales, L., "Innovation and Institutional Ownership", *The American Economic Review* 103 (1), 2013.

Alexander, L., Van Knippenberg, D., "Teams in Pursuit of Radical Innovation: A Goal Orientation Perspective", *Academy of Man-agement Review* 9 (4), 2014.

Andrews, K. R., *The Concept of Corporate Strategy* (Richard D Irwin Press, 1987).

Atzori, L., Iera, A., Morabito, G., "The Internet of Things: A Survey", *Computer Networks* 54 (15), 2010.

Balocco, R., Mogre, R., Toletti, G., "Mobile Internet and SMEs: A Focus on the Adoption", *Industrial Management and Data Systems* 109 (2), 2009.

Bargelm. *Strategic Management of Technology and Innovation* (London: McGraw-Hill Education, 1996).

Barney, J. B., "Firm Resources and Sustained Competitive Advantage", *Journal of Management* 17 (3), 1991.

Bateson, G., "Steps to an Ecology of Mind: Collected Essays in Anthropology, Psychiatry, Evolution, and Epistemology", *Whole Earth* 10 (1), 1973.

Caggese, A., "Entrepreneurial Risk, Investment and Innovation", *Journal of Financial Economics* 106 (2), 2012.

Casciaro, T., Piskorski, M. J., "Power Imbalance, Mutual Dependence, and

Constraint Absorption: A Closer Look at Resource Dependence Theory", *Administrative Science Quarterly* 50 (2), 2005.

Charmaz, K., " 'Discovering' Chronic Illness: Using Grounded Theory", *Social Science and Medicine* 30 (11), 1990.

Chesbrough, H. W., "Open Innovation: The New Imperative for Creating and Profiting from Technology", *European Journal of Innovation Management* 20 (3), 2003.

Chesbrough, H. W., "Open Business Models: How to Thrive in the New Innovation Landscape", *Journal of Product Innovation Management* 25 (4), 2006.

Chui, M., Löffler, M., Roberts, R., "The Internet of Things", *McKinsey Quarterly Ferragud* 18 (9), 2010.

Cisco, The Internet of Everything (IOE) Value Index, 2011. http://www.cisco.com/.

Clarke, C., "Strategic Risk Management: The New Competitive Edge", *Long Range Planning* 32 (1), 1999.

CNNIC. 2015,《专车市场发展研究专题报告》, 2015 年 12 月, http://www.cnnic.cn/.

Coad, A., Rao, R., "Innovation and Firm Growth in High-Tech Sectors: A Quantile Regression Approach", *Research Policy* 37 (4), 2008.

Cui, H., Mak, Y. T., "The Relationship between Managerial Ownership and Firm Performance in High R&D Firm", *Journal of Corporate Finance* 8 (4), 2002.

Cyert, R. M., March, J. G., *A Behavioral Theory of the Firm* (Englewood Cliffs, NJ, US: Prentice Hall, 1963).

Daniel, C. E., "Industrial Ecology and Competitiveness Implications for the-Firm", *Journal of Industrial Ecology* 2 (1), 1998.

Desarbo, W. S., Benedetto C A D, Song M, et al. "Revisiting the Miles and

Snow Strategic Framework: Uncovering Interrelationships between Strategic Types, Capabilities, Environmental Uncertainty, and Firm Performance", *Strategic Management Journal* 26 (1), 2005.

Dosi, G., "Technological Paradigms and Technological Trajectories: A SuggestedInterpretation of the Determinants and Directions of Technical Change", *Research Policy* 2 (3), 1982.

Dubin, R., *Theory Building* (New York, NY, US: Free Press, 1978).

Duncan, R. B., "Characteristics of Organizational Environments and Perceived Environmental Uncertainty", *Administrative Science Quarterly* 17 (3), 1972.

Eisenhardt, K. M., Graebner, M. E., "Theory Building from Cases: Opportunities and Challenges", *Academy of Management Journal* 50 (1), 2007.

Eisenhardt, K. M., Martin, J. A., "Dynamic Capabilities: What are they", *Social Science Electronic Publishing* 21 (10), 2000.

Eisenhardt, K. M., "Building Theories from Case Study Research", *Academic Management Review* 14 (4), 1989.

Emerson, R. M., "Power-dependence Relations", *American Sociological Review* 27 (1), 1962.

Finkelstein, S., Hambrick, D. C., "Top-Management-Team Tenure and Organizational Outcomes: The Moderating Role of Managerial Discretion", *Administrative Science Quarterly* 35 (3), 1990.

Freeman, L. C., *Graphic Techniques for Exploring Social Network Data*, *In CarringtonP J. Scott J. Wasserman S. Models and Methods in Social Network Analysis* (NewYork, NY, US: Cambridge University Press, 2005).

Gartner, W. B., "A Conceptual Framework for Describing the Phenomenon of New Venture Creation", *Academy of Management Review* 10 (4), 1985.

Gawer, A., Cusumano, M. A., *Platform Leadership: How Intel, Microsoft and Cisco Drive Industry Innovation* (Cambridge, MA, US: Harvard Business

School Press, 2002a).

Gawer, A., Cusumano, M. A., "The Elements of Platform Leadership", *MIT Sloan Management Review* 31 (1), 2002b.

Gawer, A., Cusumano, M. A., "How Companies Become Platform Leaders", *MIT Sloan Management Review* 49 (1), 2008.

Gawer, A., Cusumano, M. A., "Industry Platforms and Ecosystem Innovation", *Journal of Product Innovation Management* 31 (3), 2014.

Gawer, A., Henderson, R. M., "Platform Owner Entry and Innovation in Complementary Markets: Evidence from Intel", *Journal of Economics and Management Strategy* 16 (1), 2007.

Gawer, A., "Bridging Differing Perspectives on Technological Platforms: Toward an Integrative Framework", *Research Policy* 43 (7), 2014.

Gereffi, G., "The Organization of Buyer-Driven Global Commodity Chains: How US Retailers Shape Overseas Production Networks [C] //London: Praeger Publishers, 95 – 122. 1994.

Ghosh, D., Olsen, L., "Environmental Uncertainty and Managers' Use of Discretionary Accruals", *Accounting, Organizations and Society* 34 (2), 2009.

Gibbert, M., Ruigrok, W., Wicki, B., "What Passes as A Rigorous Case Study?", *Strategic Management Journal* 29 (1), 2008.

Gilder, G., "The Revitalization of Everything: The Law of the Microcosm", *Harvard Business Review* 66 (2), 1988.

Glaser, B. G., Strauss, A. L., "Temporal Aspects of Dying as a Non-Scheduled Status Passage", *American Journal of Sociology* 71 (71), 1965.

Gould, S. J., "Allometry and Size in Ontogeny and Phylogeny", *Biological Reviews* 41 (4), 1966.

Gould, S. J., *Ontogeny and Phylogeny* (Cambridge, MA, US: Harvard University Press, 1977).

Gubbi, J. , Buyya, R. , Marusic, S. , et al. "Internet of Things (IoT): A Vision, Architectural Elements, and Future directions", *Future Generation Computer Systems* 29 (7), 2013.

Hammer, M. , Champy J. "Reengineering the Cooperation. A Manifesto for Business Revolution", *International Journal of Production Research* 36 (6), 1993.

Harrigan, K. , *Managing for Joint Ventures Success* (New York, NY, US: Lexington Books, 1999).

Hartigh, E. D. , "The Health Measurement of a Business Ecosystem", Paper Presented at the ECCON Annual Meeting. 2006.

Hartigh, E. D. , Asseldonk, V. , Business Ecosystems: A Research Framework for Investigating the Rolation between Network Structure, Firm Strategy, and the Pattern of Innovation Diffusion, Paper Presented at the ECCON Annual Meeting 2004.

Hawley, A. H. , *Human Ecology: A Theoretical Essay* (Chicago, IL, US: University of Chicago Press, 1986).

Helo, P. , "Managing Agility and Productivity in The Electronics Industry", *Industrial Management and Data Systems* 104 (7), 2004.

Hitt, M. A. , Dacin, M. T. , Levitas, E. , et al. "Partner Selection in Emerging and Developed Market Contexts: Resource-based and Organizational Learning Perspectives", *The Academy of Management Journal* 43 (3), 2000.

Hu, M. C. , Hung, S. C. , Gao, J. , "Emerging Technologies in Emerging Markets: Introduction to the Special Section", *Technological Forecasting and Social Change* 78 (7), 2011.

Iansiti, M. , Levien, R. , *Keystones and Dominators: Framing Operating and Technology Strategy in a Business Ecosystem* (Cambridge, MA, US: Harvard Business School Press, 2002).

Iansiti, M. , Levien, R. , "Strategy as Ecology", *Harvard Business Review* 82 (3) , 2004a.

Iansiti, M. , Levien, R. , "The Keystone Advantage: What the New Dynamics of Business Ecosystem Mean for Strategy, Innovation, and Sustainability", *Personnel Psychology* 20 (2) , 2004b.

IERC. Internet of Things: Strategic Research Roadmap. 2011, http://www. internet-of-things-research. eu/.

Jablonka, E. , *Lamarckian Inheritance System in Biology: A Source of Metaphorsand Models in Technological Evolution* (Cambridge University Press, 2000) .

Jandhyala, S. , Phene, A. , "The Role of Intergovernmental Organizations in Cross-border Knowledge Transfer and Innovation", *Administrative Science Quarterly* 60 (4) , 2015.

Kanter, R. M. , Stein, B. A. , *The Challenge of Organizational Change: How Company Experience it and Leaders Guide it* (New York, NY, US: Free Press, 1992) .

Kenney, M. , Pon, B. , "Structuring the Smartphone Industry: Is the Mobile Internet OS Platform the Key?", *Journal of Industry, Competition and Trade* 11 (3) , 2011.

Kim, H. , Lee, J. N. , Han, J. , "The Role of IT in Business Ecosystems", *Communications of the ACM* 53 (5) , 2010.

Lambert, D. M. , Cooper, M. C. , "Issues in Supply Chain Management", *Industrial Marketing Management* 29 (1) , 2000.

Lewin, R. , *Complexity: Life at the Edge of Chaos* (Chicago, IL, US: The University of Chicago Press, 1999) .

Leonard-Barton, D. , "Core Capability and Core Rigidities: A Paradox in Managing New Product Development", *Strategic Management Journal* 13 (1) ,

1992.

Li, J. , Tang, Y. , "CEO Hubris and Firm Risk Taking in China: The Modera-ting Role of Managerial Discretion", *Academy of Management Journal* 53 (1), 2010.

Lichtenstein, G. A. , *A Case Study of the Ecology of Enterprise in Two Business in Cubators Enterprise Ecology* (University of Pennsylvania of Dissertation Abstracts International Philadelphia, 1996).

Lueg, R. , Borisov, B. G. , "Archival or Perceived Measures of Environmental Uncertainty? Conceptualization and New Empirical Evi-dence", *European Management Journal* 32 (4), 2014.

Manyika. J. , Chui, M. , Bughin, J. , et al. *Disruptive technologies: Advances that will transform life, business, and the global economy* (New York, NY, US: McKinsey Global Institute, 2013).

Milliken, F. J. , "Three Types of Perceived Uncertainty about the Environment: State, Effect, and Response Uncertainty", *Academy of Management Review* 12 (1), 1987.

Miorandi, D. , Sicari, S. , Pellegrini, F. D. , et al. "Internet of Things: Vision, Applications and Research Challenges", *Ad Hoc Networks*, 10 (7), 2012.

Moore, J. F. , "Predators and Prey: A New Ecology of Competition", *Harvard Business Review* 71 (3), 1993.

Moore, J. F. , *The Death of Competition: Leadership and Strategy in the Age of Business Ecosystems* (Boston, MA, US: John Wiley and Sons Ltd Press, 1996).

Moore, J. F. , "Business Ecosystems and The View from the Firm", *The Anti-trust Bulletin* 51 (1), 2006.

Nelson, R. R. , Winter, S. G. , *An Evolutionary Theory of Economic Change*

(Cambridge, MA, US: Harvard University Press, 1985).

Obloj, K., Thomas, H., "Transforming Former Stateowned Companies into Market Competitors in Poland: The ABB Experience", *European Management Journal* 16 (4), 1998.

Paschou, M., Sakkopoulos, E., Sourla, E., et al. "Health Internet of Things: Metrics and Methods for Efficient Data Transfer", *Simulation Modelling Practice and Theory* 34 (5), 2013.

Peltoniemi, M., Vuori, E., "Business Ecosystem as the New Approach to Complex Adaptive Business Environments", Proceedings of E-business Research Forum, 267 – 281. 2004.

Peltoniemi, M., Cluster, Value Network and Business Ecosystem: Knowledge and Innovation Approach, "Organisations, Innovation and Complexity: New Perspectives on the Knowledge Economy" Conference, September, 9 – 10. 2004.

Peltoniemi, M., "Preliminary Theoretical Framework for the Study of Business Ecosystems", *Emergence: Complexity and Organization* 8 (1), 2006.

Penrose, E., "The Theory of the Growth of the Firm", *Long Range Planning* 29 (96), 1996.

Persaud, A., "Enhancing Synergistic Innovative Capability in Multinational Corporations: An Empirical Investigation", *Journal of Product Innovation Management* 22 (5), 2005.

Pfeffer, J., Nowak, P., "Joint Ventures and Inter-organizational Interdependence", *Administrative Science Quarterly* 21 (3), 1976.

Pfeffer, J., Salancik, G. R., *The External Control of Organizations: A Resource Dependence Perspective* (Social Science Electronic Publishing Press, 1978).

Phlippen, S., *Come Close and Co-create: Proximities in Pharmaceutical Innova-*

tion Networks（Erasmus：Erasmus Universiteit，2008）.

Porter, M. E. , *Competitive Strategy*（New York, NY, US：Free Press, 1980）.

Porter, M. E. , *Competitive Advantage*（New York, NY, US：Free Press, 1985）.

Power, T. , Jerjian, G. , *Ecosystem：Living the* 12 *Principles of Networked Business*（Pearson Education Ltd Press，2001）.

Qian, C. , Cao, Q. , Takeuchi, R. , "Top Management Team Functional Diversity and Organizational Innovation in China：The Moderating Effects of Environment", *Strategic Management Journal* 34（1）, 2013.

Reger, R. K. , Duhaime, I. M. , Stimpert, J. L. , "Deregulation, Strategic Choice, Risk and Financial Performance", *Strategic Management Journal* 13（3）, 1992.

Rong, K. , Hu, G. , Hou, J. , et al. "Business Ecosystem Extension：Facilitating the Technology Substitution", *International Journal of Technology Management* 63（3 – 4）, 2013a.

Rong, K. , Lin, Y. , Shi, Y. , et al. "Linking Business Ecosystem Lifecycle with Platform Strategy：A Triple View of Technology, Application and Organisation", *International Journal of Technology Management* 62（1）, 2013b.

Rong, K. , Liu, Z. , Shi, Y. , "Reshaping the Business Ecosystem in China：Case Studies and Implications", *Journal of Science and Technology Policy in China* 2（2）, 2011.

Saunders, M. , Lewis, P. , Thornhill, A. , *Research Methods for Business Students*（Englewood Cliffs, NJ, US：Prentice-Hall, 2009）.

Schumpeter, J. A. , "The Theory of Economic Development：An Inquiry into Profits, Capital, Credit, Interest, and the Business Cycle", *Social Science Electronic Publishing* 25（1）, 1934.

Strauss, A. L. , Corbin, J. M. , "Grounded Theory in Practice", Contemporary Sociology 28 (4), 1997.

Tan, J. , "Innovation and Risk-Taking in a Transitional Economy: A Comparating Effects of Environment", *Strategic Management Journal* 34 (1), 2013.

Teece, D. J. , Pisano, G. , Shuen, A. , "Dynamic Capabilities and Strategic Management", *Strategic Management Journal* 18 (7), 1997.

Teece, D. J. , "Profiting from Technological Innovation: Implications for Integration, Collaboration, Licensing and Public Policy", *Research Policy* 15 (86), 1986.

Teece, D. J. , "Explicating Dynamic Capabilities: the Nature and Micro-foundations of Sustainable Enterprise Performance", *Strategic Management Journal* 28 (13), 2007.

Thompson, J. D. , Mcewen, W. J. , "Organizational Goals and Environment", *American Sociological Review* 23 (1), 1958.

Tian, X. , Wang, T. Y. , "Tolerance for Failure and Corporate Innovation", *Review of Financial Studies* 27 (1), 2014.

Tidd, J. , "Innovation Management in Context: Environment, Organization and Performance", *International Journal of Management Reviews* 3 (3), 2001.

Tripsas, M. , Gavetti, G. , "Capabilities, Cognition, and Inertia: Evidence from Digital Imaging", *Strategic Management Journal* 21 (10), 2000.

Williamson, O. E. , "Transaction Cost Economics Meets Posnerian Law and Economics", *Journal of Institutional and Theoretical Economics* 149 (1), 1993.

Witt, U. , *Evolutionary Economics: An Interpretative Survey. In: K. Dopfer (ed) Evolutionary Economics Program and Scope* (Boston, MA, US: Kluwer Acadenic Publisher, 2001).

Yanadori, Y. , Cui, V. , "Creating Incentives for Innovation? The Relationship

between Pay Dispersion in R&D Groups and Firm Innovation Perform-
ance", *Strategic Management Journal* 34 (12), 2013.

Yin, R. K. , *Case Study Research: Design and Methods* (Sage Publications
Press, 2003).

Zhang, Y. , Gregory, M. , "Managing Global Network Operations along the En-
gineering Value Chain", *International Journal of Operations and Produc-
tion Management* 31 (7), 2011.

图书在版编目(CIP)数据

万物互联与企业生态系统构建/钱晶晶,陈超著
. -- 北京:社会科学文献出版社,2021.1
ISBN 978 - 7 - 5201 - 7753 - 5

Ⅰ.①万…　Ⅱ.①钱…②陈…　Ⅲ.①物联网 - 应用
- 企业管理 - 研究　Ⅳ.①F272.7

中国版本图书馆 CIP 数据核字(2021)第 016554 号

万物互联与企业生态系统构建

著　　者/钱晶晶　陈　超

出 版 人/王利民
责任编辑/高　雁

出　　版/社会科学文献出版社·经济与管理分社 (010) 59367226
　　　　　地址:北京市北三环中路甲 29 号院华龙大厦　邮编:100029
　　　　　网址:www. ssap. com. cn
发　　行/市场营销中心 (010) 59367081　59367083
印　　装/三河市尚艺印装有限公司

规　　格/开　本:787mm×1092mm　1/16
　　　　　印　张:12.25　字　数:168 千字
版　　次/2021 年 1 月第 1 版　2021 年 1 月第 1 次印刷
书　　号/ISBN 978 - 7 - 5201 - 7753 - 5
定　　价/128.00 元

本书如有印装质量问题,请与读者服务中心 (010 - 59367028) 联系